Direito Civil

Direito das Obrigações
Responsabilidade Civil

Direito Civil

Direito das Obrigações
Responsabilidade Civil

Maria Luiza de Freitas Valle Egea
Advogada, graduada pela
Pontifícia Universidade Católica de São Paulo.
Atua na área civil.
Na área acadêmica, foi professora do curso de MBA do
Instituto de Tecnologia Avançada em Educação – ITAE.
Participa da Comissão de Estudos Especiais de
Direitos Autorais da Ordem dos Advogados do Brasil.

editora HARBRA

Supervisão Editorial: Maria Pia Castiglia
Revisão de Texto: Paola Morsello
Revisão de Provas: Grasiele L. Favatto Cortez
Editoração Eletrônica: Mônica Roberta Suguiyama
Capa: Fernando Mendes
Impressão e Acabamento: RR Donnelley

Rua Joaquim Távora, 629 e 779
04015-001 São Paulo – SP
Promoção: (011) 5084-2482 e 5571-1122. Fax: (011) 5575-6876
Vendas: (011) 5084-2403, 5549-2244 e 5571-0276. Fax: (011) 5571-9777

ISBN 85-294-0264-2

Impresso no Brasil *Printed in Brazil*

À
minha querida família.

Ao
Dr. Plínio Cabral,
por sua sincera amizade e total apoio.

Conteúdo

APRESENTAÇÃO

Esta é uma obra esperada pelos operadores de Direito, já que trata de um problema complexo que, como sempre, comporta múltiplas interpretações, não raro dificultando a tão necessária clareza dos negócios jurídicos.

A autora organizou o texto numa seqüência lógica que permite ao leitor acompanhar seu raciocínio até a conclusão final, esclarecendo dúvidas e, de forma clara, estabelecendo conceitos úteis para a aplicação da lei.

As obrigações constituem o núcleo da vida contratual envolvendo o vasto mundo dos negócios e compromissos, cujo ordenamento lógico é imprescindível, sob pena de sobrevir o caos nas relações sociais da comunidade.

Com segurança e visão abrangente, a autora demonstra que os negócios jurídicos no mundo moderno adquirem, muitas vezes, um caráter impessoal, o que exige formulação correta e clara dos instrumentos que estabelecem as obrigações.

O conceito daquilo que obriga já não pode perder-se no emaranhado de fórmulas que, muitas vezes, desvirtuam o conteúdo e perturbam o objetivo final, prejudicando as partes e a própria harmonia social.

Por isso mesmo, com rara habilidade, a autora estabelece diferenças necessárias, por exemplo, entre as obrigações de *dar* e *fazer*, conceitos próximos mais substancialmente diferentes na aplicação do compromisso.

O Novo Código Civil incorpora conceitos modernos e avançados, a partir da própria visão do contrato, que já não é um instrumento frio da obrigação, mas algo que deve ser – da sua elaboração a sua aplicação – "em razão e nos limites da função social". A autora percebeu e nos transmite isso com rara acuidade.

A obrigação hoje não é mais um peso a sufocar a vida, mas pode e deve o juiz adaptá-la a realidade social, variando no tempo e no espaço em razão óbvia da própria mobilidade social de um mundo que se transforma constantemente. É a teoria da imprevidência, agora incorporada a nossa lei civil básica. O direito, sem perenidade, insere-se na sociedade, não como instrumento tutelar, mas como um meio dinâmico de vida e ação, no melhor estilo pretoriano, o que a autora ressalta com propriedade e competência.

De leitura fácil e agradável, esta obra é uma reafirmação do pensamento dos modernos juristas, segundo os quais a lei deve ser levada ao povo para cumprimento e aplicação.

A profundidade de um texto não exclui, mas pressupõe a clareza.

É o que se prova com esta obra onde o complexo mundo das obrigações é visto sob um ângulo prático, tão necessário e útil aos operadores do Direito.

Os editores

Prefácio

Ao escrever este trabalho, tivemos a feliz oportunidade de estar em contato com as lições dos mais ilustres mestres que destinaram seu estudo ao Direito das Obrigações e à Responsabilidade Civil, cujas impecáveis matérias doutrinárias serviram de base durante todo o longo percurso de aplicação do Código Civil de 1916 e, por se encontrarem atuais no espírito da nova lei civil que entrou em vigor em 11/01/2003, servirão a todos os que pretendem dedicar-se a esse estudo.

Da mesma forma, este trabalho pesquisou o importante acervo jurisprudencial que deu riqueza e sustentação às mudanças do Código Civil, tanto que muitas das decisões havidas de nossos Tribunais encontram-se sob forma legislativa na atual legislação.

Apesar de todas as pesquisas realizadas, este estudo não esgota as matérias tratadas, mas servirá tanto ao estudante de Direito, facilitando-lhe a compreensão das normas civis que tratam do Direito das Obrigações e da Responsabilidade Civil, como também ao advogado, que, no seu importante papel de operador do Direito, aqui encontrará a aplicação prática dessas matérias sob a nova forma legislativa.

Maria Luiza de Freitas Valle Egea

Parte I

DO DIREITO DAS OBRIGAÇÕES

1

Introdução ao Direito das Obrigações

Importância do Direito das Obrigações. Conceito. Origem

O direito das obrigações é um dos diplomas normativos civis mais importantes do nosso Código Civil, porque tem como fonte os negócios jurídicos que se constituem em influente instrumento gerador de riquezas do país.

Esse direito, existente desde os primeiros momentos da evolução social, nos dias de hoje tem sofrido mudanças que se encontram bem nítidas no novo Código Civil brasileiro, de forma a acompanhar a própria mudança do contexto social, dos valores e padrões sociais vigentes.

O que antes tinha um caráter eminentemente pessoal, individualista, nas relações jurídicas, atualmente alcança uma concepção objetiva, exigida diante da própria evolução da sociedade em razão do caráter impessoal dos negócios jurídicos, o que, modernamente, reclama a existência de dois importantes fatores nas contratações, a saber: equilíbrio e exteriorização da manifestação de vontade dos contratantes.

Em conseqüência desses dois fatores, o que se há de aferir no negócio jurídico é a responsabilidade de quem declara e a confiança de quem recebe, em outras palavras: a confiança depositada no vínculo obrigacional, ou seja, a boa-fé objetiva das partes contratantes. Esta visão já se encontrava devidamente propugnada, em forma legislativa, pelo Código de Defesa do Consumidor, ao regular as relações de consumo, legislando sobre a boa-fé objetiva e sobre o que considera cláusulas abusivas nas relações obrigacionais (art. 51 da Lei 8.078, de 11/09/1990).

O legislador brasileiro terminou, portanto, por conferir, durante a reforma do novo diploma civil, um conceito objetivo às obrigações, a fim de proteger os interesses sociais, trazendo a matéria relativa ao direito das obrigações para o Livro I da Parte Especial do Código Civil, mudando, assim, a posição que ocupava no anterior Código (Livro III da Parte Especial), em total reconhecimento de sua elevada importância no mundo jurídico.

Da mesma forma que o Código Civil de 1916, a atual legislação não estabeleceu o conceito de obrigação, deixando à doutrina essa definição, que, no magistério de Washington de Barros Monteiro, remonta à época das *Institutas* do direito romano, quando a relação entre credor e devedor era caracterizada como *vinculum juris*, o conteúdo evidenciado como uma prestação (*alicujus solvendae rei*), e a coercibilidade devidamente externada (*necessitate adstringi*).[1]

Três eram, portanto, os pontos relevantes da obrigação: o vínculo jurídico que se estabelecia entre credor e devedor, a prestação como objeto da obrigação e a coercibilidade externada para o cumprimento da obrigação.

A doutrina acrescentou a esse mesmo conceito ser a obrigação uma relação jurídica de caráter transitório.

---

[1] MONTEIRO, Washington de Barros. *Curso de direito civil* – Direito das obrigações. 6. ed. São Paulo: Saraiva, 1970. v. 1, p. 4.

Em sendo a obrigação transitória, uma vez satisfeita a prestação prometida, por quaisquer meios, exaure-se a obrigação, o devedor fica liberado e extingue-se o direito do credor.[2]

Evidentemente que não se podem considerar obrigações os deveres estranhos ao direito, como gratidão, urbanidade, cortesia, solidariedade.

Assim, a obrigação pode ser definida como o dever de um sujeito de cumprir ou fazer alguma coisa, ou se abster dela, em razão da existência de uma relação jurídica com outrem.

A obrigação tem origem no negócio jurídico, terminologia que o legislador civil atual preferiu, tratando-o da forma que consta do art. 104, onde se exige para a sua validade:

> *"I. agente capaz;*
> *II. objeto lícito, possível, determinado ou determinável;*
> *III. forma prescrita ou não defesa em lei."*

O negócio jurídico tornou-se, pois, mais moderno em relação ao conceito que constava do Código Civil de 1916, que cuidava do ato jurídico. Isto ocorreu em razão de que dele se exige que esteja revestido dos pressupostos que garantem a segurança das relações jurídicas, um dos quais é a boa-fé objetiva, princípio que é a própria estrutura dos direitos obrigacionais e que deve estar presente *"nos deveres laterais de conduta, criando o aludido feixe de deveres e conduta entre os contratantes"*.[3]

Além do princípio da boa-fé objetiva, na atual legislação o negócio jurídico ainda deve observar a função social das obrigações, originada do moderno conceito referente à função social dos contratos que deve existir nas relações jurídicas obrigacionais, reiterando os princípios de probidade e de boa-fé (arts. 421 e 422), em demonstração clara e expressa da preocupação do legislador quanto à nova conotação das relações jurídicas, que impõe a determinação de certos limites para a liberdade contratual, por força de norma de ordem pública.

Isto implica dizer que certas normas contratuais deverão estar de acordo com as determinações de normas de ordem pública, cuja

---

[2] MONTEIRO, Washington de Barros. *Op. cit.* p. 9.

[3] SILVA, Rafael Peteffi da. Teoria do adimplemento e modalidades de inadimplemento, atualizado pelo novo Código Civil. *Revista do Advogado*, São Paulo, ano XXII, n. 68, p. 140, dez. 2002.

finalidade é a de limitar a vontade dos contratantes, visando exclusivamente à função social do contrato, ou seja, à proteção a valores superiores aos interesses particulares. O estudo da boa-fé objetiva e da função social do contrato é tratado detidamente na obra que cuida dos Contratos e que faz parte desta coleção.

Estas acentuadas mudanças havidas no Código Civil, ajustadas à realidade social, na verdade trouxeram o que o direito pretoriano (jurisprudência) sedimentara ao longo do tempo, e que passa agora a participar do direito civil, na forma legislativa.

Dos Direitos Pessoais e dos Direitos Reais

Antes de analisar cada uma das modalidades das obrigações, conforme estão estabelecidas na lei civil, há que se fazer uma relevante distinção entre os direitos pessoais e os direitos reais, e a qualificação dos direitos das obrigações.

As obrigações que se estabelecem entre credor e devedor qualificam-se como direitos pessoais; as relações que se estabelecem entre o homem e a coisa material qualificam-se como direitos reais. Os direitos reais vinculam as pessoas aos bens; os direitos pessoais vinculam as obrigações relacionadas entre pessoas.

Tratando-se de direitos das obrigações, estamos falando de direitos pessoais, distinção de grande importância considerando-se os diferentes reflexos que cada um desses direitos apresenta em seu campo.

Enfatiza-se, pois, que no direito pessoal a relação jurídica que se estabelece perfaz-se entre duas pessoas – credor e devedor –, sendo tal relação de caráter transitório, pois se resolverá mediante a satisfação da obrigação pelo devedor ao credor. O direito pessoal, sendo relativo, se exerce contra quem se encontra vinculado na obrigação, sendo certo que no caso de inadimplemento a conseqüência é a responsabilidade patrimonial do devedor.

Na qualificação do direito real, a relação que se estabelece é com a coisa, e, contrariamente ao que ocorre com o direito pessoal, tem caráter perene, a exemplo do direito de propriedade, e seu exercício se dá contra todos os membros da coletividade.

Em sendo a obrigação um direito pessoal, o objeto que resultar dessa obrigação consistirá numa prestação pessoal, positiva ou negativa, que deve ser cumprida pelo devedor, seu sucessor ou aquele que se encontrar sub-rogado no cumprimento da obrigação, sendo que o conteúdo da obrigação será sempre de natureza econômica.

2

Da Classificação das Obrigações

Quanto ao Objeto, Elementos e Finalidades

As obrigações podem classificar-se, quanto ao seu objeto, em: obrigações de dar coisa certa ou incerta; obrigações de fazer (positiva) e não fazer (negativa). As obrigações de dar coisa certa ou incerta têm como objeto a entrega, transferência ou restituição de coisa (certa ou incerta) a que o devedor está obrigado. Já o objeto da obrigação de fazer é a realização de certos atos positivos (fazer) ou negativos (não fazer).

Quanto a seus elementos, as obrigações podem ser: simples e compostas; cumulativas, alternativas e facultativas; divisíveis ou indivisíveis; solidárias; e, quanto a suas finalidades, de meio e de resultado. Quanto ao tempo de adimplemento, obrigação momentânea ou instantânea, de execução continuada ou periódica.

A obrigação será simples quando na relação jurídica participa um credor, um devedor e um objeto, e composta quando houver vários sujeitos ativos ou passivos na relação jurídica, ou vários objetos.

Dentro das obrigações compostas podem-se distinguir as cumulativas (quando a obrigação envolve a prestação de todos os objetos) e as alternativas (quando o objeto da obrigação pode ser apenas uma ou outra coisa a ser prestada).

As obrigações alternativas podem às vezes confundir-se com as obrigações facultativas. Porém, apresentam entre si substancial diferença. Nas obrigações alternativas o devedor pode escolher entre prestar um ou outro objeto que as compõem. Já as facultativas têm em seu conteúdo uma única prestação, mas concede-se ao devedor a faculdade de substituí-la por outras que lhe sejam equivalentes. Por esse fato, são também conhecidas como obrigações substituíveis.

Outra diferença que há entre esses dois tipos de obrigação é que nas obrigações alternativas, cumprindo o devedor uma das prestações por ele escolhida, extingue-se a obrigação, ainda que a outra obrigação seja inválida. No caso das obrigações facultativas, se houver vício na prestação principal, deverá ela ser considerada inválida, não podendo o devedor socorrer-se de outra que pretenda substituir.

Ainda merece importância a qualificação das obrigações, relativamente ao objeto da prestação, em divisíveis e indivisíveis. Assim, se o objeto permite divisão (por exemplo, dinheiro), trata-se de prestação divisível. Será indivisível o objeto da prestação que não puder ser dividido entre os credores.

Nas obrigações de meio, o devedor não precisa obrigar-se pelo resultado para que se dê por executada. Exemplo típico é a prestação de serviços médicos. Ao contrário, nas obrigações de resultado, sua extinção somente se dará mediante a realização da finalidade para a qual o devedor se obrigou.

Há obrigação solidária quando dela participam vários credores ou devedores, mantendo entre si solidariedade em relação ao crédito ou débito. A obrigação momentânea ou instantânea, por sua própria definição, é a que se consuma num só ato, a exemplo do pagamento à vista. Já a de execução continuada ou periódica é a que se prolonga no tempo, tal qual a aquisição de um bem mediante o pagamento de prestações. Tais definições ganham importância para o estudo dos artigos que tratam das modalidades das obrigações, como veremos a seguir.

3

Das Obrigações de Dar

Generalidades

Trata-se de obrigação cujo objeto é a entrega, transferência ou restituição de coisa (móvel ou imóvel) a que o devedor está obrigado.

O Código Civil, ao tratar do tema, refere-se à tradição da coisa, que significa a entrega ou transferência de uma coisa (por exemplo: a venda de um carro pressupõe sua entrega ao comprador tanto quanto a venda de um imóvel a transferência do domínio ao comprador), ou ainda a restituição de um bem (a locação de um imóvel pressupõe a devolução do mesmo finda a locação).

É importante que se observe se a obrigação se constitui na entrega ou transferência da coisa ou se se trata de sua restituição, porque os efeitos do descumprimento da obrigação, às vezes, têm tratamento diferenciado em nosso Código Civil num e noutro caso, como veremos em seção própria.

Das Obrigações de Dar Coisa Certa

A obrigação de dar coisa certa está prevista no Código Civil no art. 233 e, embora distinta da obrigação de fazer (art. 247), na prática termina por gerar muita confusão, isto porque, em muitos casos, a relação que existe entre devedor e credor é, primeiramente de dar, ou melhor, de entregar ou restituir coisa certa, após o que segue-se a obrigação de fazer.

Para distinguir-se uma obrigação da outra, deve-se ter em mente que *"o* substractum *da diferenciação entre a obrigação de dar e fazer está em verificar se o dar ou o entregar é ou não conseqüência do fazer. Assim, se o devedor tem de dar ou de entregar alguma coisa, não tendo, porém, de fazê-la previamente, a obrigação é de dar; todavia, se, primeiramente, tem ele de confeccionar a coisa para depois entregá-la, se tem ele de realizar um ato, do qual ser mero corolário o de dar, tecnicamente a obrigação é de fazer"*.[4]

Exemplo típico de obrigação de dar é o contrato que se estabelece entre o assinante do jornal e uma empresa jornalística, visando à entrega de jornal diariamente. Trata-se, no caso, de obrigação de dar, pois a empresa jornalística tem a obrigação de entregar o jornal, e o contratante deve pagar o preço estipulado. A entrega do jornal é o elemento executório essencial da obrigação de dar.

A compra e venda implicam uma obrigação de dar que se consuma com a tradição da coisa, mediante a transferência do domínio (art. 237), estando neste ato o elemento executório essencial da *obligatio dandi.*

As obrigações de dar ou restituir coisa certa se distinguem nitidamente da obrigação de fazer, a exemplo de alguém que adquire um terreno em loteamento cujo vendedor se responsabiliza por realizar benfeitorias, tais como calçamento, água etc. Nesse caso, o vendedor tem a obrigação de fazer os empreendimentos a que se obrigou no contrato mantido com o comprador, enquanto o comprador tem obrigação de pagar o preço estabelecido.

---

[4] MONTEIRO, Washington de Barros. *Op. cit.* p. 87.

Essa distinção entre as duas obrigações (de dar em relação à de fazer ou não fazer) tem importância prática. É que a lei processual civil estabeleceu sanções diversas para o inadimplemento de cada uma dessas obrigações. No caso das obrigações de dar coisa certa ou incerta, a lei processual civil garantiu o princípio do reclamo específico da coisa e, diante de sua impossibilidade, a composição por perdas e danos.

Tal é o caso das obrigações de dar mediante transcrição para a transferência de imóvel; se o devedor não cumprir a obrigação, não caberá ação reivindicatória porque não há direito real de propriedade; a ação será somente de indenização por perdas e danos.

E, se houver vício na prestação principal, de acordo com a Súmula 500 do STF: *"Não cabe a ação cominatória para compelir-se o réu a cumprir obrigação de dar"*.

Já nas obrigações de fazer ou não fazer, a lei processual civil permite a ação cominatória com aplicação de multa diária (*astreintes*) por descumprimento do preceito (arts. 287, 461, 632 do Código do Processo Civil), o que não ocorre nas obrigações de dar.

As obrigações se cumprem conforme o pactuado. Assim, o credor de determinada coisa não pode exigir, no cumprimento da obrigação de dar, coisa diversa da pactuada. Quer dizer, se alguém assume a obrigação de entregar um terreno até determinado valor, o credor não pode exigir que o devedor pague certa quantia em dinheiro em lugar do terreno, pois estará o credor pedindo prestação diversa da contratada. O mesmo ocorre em relação ao devedor, que deve cumprir a obrigação na forma como foi pactuada, mediante a entrega de coisa determinada.

Assim, se alguém se obriga a restituir matrizes de um produto fonográfico ao licenciante deste produto deverá devolver a mesma coisa recebida, sob pena de, perdendo o objeto, responder o devedor pelo equivalente e mais perdas e danos (art. 234).

Há casos, porém, em que a prestação da obrigação permite a substituição do objeto. Assim, a conduta do credor que leva a crer estar aceitando a troca do objeto da obrigação, sem nada reclamar, é tida como anuência tácita, permitindo ao devedor que entregue outra coisa que não a pactuada, em homenagem ao princípio da boa-fé objetiva, consagrado pelo Código Civil brasileiro e que se comentará na seção seguinte.

A obrigação de dar coisa certa abrange também os acessórios que a acompanham, salvo se o contrário resultar do título ou das circunstâncias do caso (art. 233). Bens acessórios são aqueles cuja existência supõe a do principal (art. 92). Podem ser assim considerados os frutos, produtos e rendimentos.

Uma vez existentes, ainda que não constem em específico título, deverão, de acordo com a norma legal, acompanhar o principal, ou seja, ser entregues, juntamente com o bem propriamente dito, no momento do cumprimento da obrigação. Mas, se o título ou as circunstâncias dispuserem de forma diferente, os acessórios poderão ser reservados pelo devedor. Ou seja, os bens acessórios podem não integrar a garantia se reservados pelo devedor em contrato ou se assim ficar demonstrado em face das circunstâncias, não cabendo, portanto, ao credor exigi-los.

A Questão da Culpa

A avaliação da culpa do devedor da obrigação, nos casos de descumprimento da obrigação, é essencial para aferir quais os efeitos para o credor e devedor que resultam do inadimplemento.

Na nova sistemática legislativa, o sentido de culpa envolve o exame de todas as circunstâncias que norteiam o ato, tudo para prestigiar a confiança dos contratantes na contratação. Busca-se no negócio jurídico a boa-fé objetivamente considerada, pela qual *"conferem-se efeitos jurídicos à justa e razoável expectativa de produção dos resultados práticos que normalmente adviriam do negócio (o fim típico), tomadas as circunstâncias especiais de cada caso concreto, ainda que o rigor formal da lei ou a interpretação literal do contrato estabeleça a produção de efeitos diversos. Cuida-se de prestigiar a confiança do contratante na lealdade sugerida pelos costumes e, por isso mesmo, tornada exigível da contraparte"*.[5]

[5] TUCCI, Cibele Pinheiro Marçal Cruz e. Teoria geral da boa-fé objetiva. *Revista do Advogado*, São Paulo, ano XXII, n. 68, p. 101, dez. 2002.

Nos arts. 111, 113, 122, 157 do Código Civil está implícito o exame da boa-fé objetiva no caso concreto, considerada como cláusula geral dos contratos.

Assim, quando o legislador fala em culpa do devedor, deve-se entender que sua conduta *"não observa os ditames determinados pelo ato constitutivo da obrigação, sendo considerados os deveres advindos da vontade das partes, bem como os gerados pelo princípio da boa-fé. Entretanto, para que ocorra a imputabilidade, também devemos contar com a ilicitude do ato, ou seja, a conduta do devedor deve estar contrária ao ordenamento jurídico como um todo"*.[6]

No Capítulo em estudo, são claros os efeitos que o descumprimento das obrigações de dar (entregar ou restituir) acarretam ao devedor nas hipóteses de imputabilidade (culpa) ou inimputabilidade (ausência de culpa) de seus atos. Antes de fazer o exame das hipóteses legais, há ainda que fazer uma importante distinção para facilitar o estudo, ou seja, a distinção entre perda da coisa, que equivale ao perecimento dela ou sua perda total, e a deterioração da coisa, que equivale à perda parcial.

Essa diferença auxilia na compreensão dos diferentes efeitos existentes na legislação que será examinada, num e noutro caso.

Imputabilidade ou Inimputabilidade do Devedor

De acordo com o art. 234, se

> *"a coisa se perder, sem culpa do devedor, antes da tradição, ou pendente a condição suspensiva, fica resolvida a obrigação para ambas as partes"*.

Assim, desaparecendo o objeto da obrigação de dar, sem culpa do devedor, como é o caso, por exemplo, da expedição de um

[6] SILVA, Rafael Peteffi da. *Op. cit.* p. 146.

decreto de desapropriação de um imóvel por utilidade pública que havia sido compromissado à venda, a obrigação se resolve sem penalidade, em razão da força maior que resolveu o contrato, não restando ao credor da obrigação quaisquer suportes para uma ação indenizatória sob o fundamento da responsabilidade civil ou mesmo de inexecução do contrato. Ao credor restará apenas o direito de reaver-se do valor equivalente que se constituiu na obrigação.

Em outra hipótese, deteriorada a coisa, não sendo o devedor culpado, poderá o credor resolver a obrigação, ou aceitar a coisa, abatido de seu preço o valor que perdeu (art. 235).

Geralmente tal impossibilidade inimputável se dá em razão de caso fortuito e força maior. Tal é o caso de contrato de compra e venda de produto agrícola, sendo devedor o agricultor que se obriga à entrega de produto a ser colhido em determinada safra em sua lavoura. Havendo deterioração do produto colhido, ou seja, perda parcial da safra, em decorrência de força maior, a obrigação fica resolvida, não cabendo perdas e danos.

Já no caso de perda da coisa a ser entregue ou restituída, se o devedor agiu com culpa, os arts. 234 e 240, segunda parte, preceituam que responderá este pelo equivalente em dinheiro, mais perdas e danos. Quer dizer que pode o credor executar o contrato, mantendo o vínculo, e exigir o equivalente em dinheiro, além das perdas e danos que sofrer. Nesse caso, a obrigação de indenizar corresponde à própria obrigação de entregar a coisa.

E, em caso de deterioração (art. 236),

> *"Sendo culpado o devedor, poderá o credor exigir o equivalente"*,

que corresponde ao equivalente do objeto perecido,

> *"ou aceitar a coisa no estado em que se acha, com direito a reclamar, em um ou em outro caso, indenização das perdas e danos"*.

Assim, se um proprietário de um prédio, quando de sua restituição pelo locador, verificar as más condições do imóvel, a ponto de comprometer sua recuperação, o credor pode exigir o equivalente em dinheiro (o valor igual ao da coisa *restituenda)* ou aceitar a coisa no estado em que se encontra, podendo reclamar, em quaisquer dos casos, indenização por perdas e danos.

Há que se considerar ainda que o credor pode pedir a resolução (extinção) do contrato (art. 475),

> *"se não preferir exigir-lhe o cumprimento, cabendo, em qualquer dos casos, indenização por perdas e danos".*

Esse poder conferido ao credor de resolver o contrato encontra limites nas circunstâncias do caso. Se a resolução é abusiva, em respeito ao princípio da boa-fé, verdadeira estrutura do direito das obrigações, não caberá a resolução, permitindo-se ao devedor o cumprimento do contrato, independentemente de responder ele por perdas e danos.

No entanto, se o caso for de execução do contrato contra o devedor, deve-se levar em conta que, uma vez prescrito o direito de reclamar a entrega da coisa móvel ou imóvel, prescrito se achará também o direito de pedir o seu valor.[7]

O legislador aponta ainda duas outras hipóteses para o caso de o devedor não ter agido com culpa, desta feita aplicáveis às obrigações de restituir coisa certa.

De acordo com o art. 238,

> *"Se a obrigação for de restituir coisa certa, e esta, sem culpa do devedor, se perder* [perecer] *antes da tradição,"*

ou seja, da restituição,

> *"sofrerá o credor a perda, e a obrigação se resolverá, ressalvados os seus direitos até o dia da perda".*

E, na hipótese do art. 240,

---

[7] RT 288/696.

> *"Se a coisa restituível se deteriorar sem culpa do devedor, recebê-la-á o credor, tal qual se ache, sem direito a indenização".*

Em caso de deterioração da coisa, a exemplo da alegação de estiagem que implique perda parcial da safra, em decorrência, portanto, de força maior, assim entendida a causa dessa perda sem intervenção ou omissão do produtor, o credor não terá direito à indenização. Caso contrário, o devedor responderá pelo equivalente em dinheiro, mais perdas e danos.

Nas mesmas hipóteses, em caso de restituição, se o devedor agir com culpa, o art. 239 prevê que, perdendo a coisa, o devedor responderá pelo equivalente mais perdas e danos.

E, a segunda parte do art. 240 complementa que, em caso de deterioração da coisa restituível, por culpa do devedor, responderá ele da mesma forma que determina o art. 239, ou seja, pelo equivalente mais perdas e danos.

Como se vê das hipóteses legais comentadas, a conduta do devedor, ou seja, a impossibilidade de cumprimento da obrigação por conduta culposa (imputável) ou sem culpa (inimputável) é que regerá os efeitos do inadimplemento.

Melhoramento ou Aumento da Coisa

De acordo com os arts. 241 e 242, o credor da coisa certa lucrará, desobrigado de indenização, se sobre ela sobrevier melhoramento ou acréscimo sem despesa ou trabalho do devedor. Todavia, se para o melhoramento ou aumento o devedor empregou trabalho ou dispêndio, o caso se resolverá pelas normas atinentes às benfeitorias realizadas pelo possuidor de boa-fé ou de má-fé.

Tais hipóteses legais suscitam algumas reflexões sobre o que são benfeitorias necessárias e úteis, bem como as voluptuárias, sobre as quais tem direito à indenização o possuidor de boa-fé, inclusive de levantá-las se o fizer sem detrimento da coisa, bem como sobre o direito de retenção pelo valor das benfeitorias necessárias e úteis (art. 1.219).

As benfeitorias voluptuárias são as de mero deleite ou recreio, que não aumentam o uso habitual do bem, ainda que o tornem mais agradável ou sejam de elevado valor (§ 1º do art. 96). São úteis as que aumentam ou facilitam o uso do bem (§ 2º) e são necessárias as que têm por finalidade conservar o bem ou evitar que se deteriore (§ 3º).

O devedor poderá exigi-las do credor quando tiver empregado trabalho ou dispêndio sobre a coisa, devendo o caso ser regulado pelas normas relativas às benfeitorias realizadas pelo possuidor de boa-fé ou de má-fé, tal qual consta do art. 1.219 do Código Civil, que confere ao possuidor de boa-fé o direito à indenização das benfeitorias necessárias e úteis. Quanto às voluptuárias, se não lhe forem pagas, poderá levantá-las, se puder fazê-lo sem detrimento da coisa, podendo ainda exercer o direito de retenção pelo valor das benfeitorias necessárias e úteis.

Nas locações, o contrato poderá estabelecer cláusula de renúncia do direito de indenização por benfeitorias necessárias, porém são consideradas nulas as cláusulas contratuais relativas ao fornecimento de produtos ou serviços que possibilitem a renúncia desse direito.[8]

Quanto ao direito de retenção, este pressupõe os seguintes elementos: a) detenção legítima de coisa que se tenha obrigação de restituir; b) crédito exigível do detentor; c) relação de conexidade; e d) inexistência de exclusão convencional ou legal de seu exercício.[9]

Assim, pode o devedor ou o possuidor de boa-fé reter a coisa se realizou benfeitorias necessárias e úteis, exigindo-lhe o pagamento antes da entrega da coisa. Exceção a esta regra se encontra nos casos de alienação fiduciária, onde prevalece a hipótese de não incidência do direito de retenção, não se aplicando a regra do art. 644 do Código Civil, pela qual o depositário pode reter o depósito até que se lhe pague a retribuição devida, o líquido do valor das despesas ou dos prejuízos que do depósito provierem.

---

[8] *Código de Defesa do Consumidor* – Lei 8.078, de 11/09/1990, art. 51, XVI.

[9] FONSECA, Arnoldo Medeiros da. *Direito de retenção*. São Paulo: Revista dos Tribunais, 1957. p. 116.

É que na alienação fiduciária o credor tem a posse indireta e o domínio resolúvel da coisa móvel alienada, enquanto o alienante ou devedor se torna possuidor direto e depositário. A jurisprudência tem admitido, porém, o direito de retenção em favor do credor a título de conserto do objeto vendido com reserva de domínio, mesmo em relação ao vendedor.[10]

Finalizando a modalidade das obrigações de dar (parágrafo único do art. 242):

> *"Quanto aos frutos percebidos, observar-se-á, do mesmo modo, o disposto neste Código, acerca do possuidor de boa-fé ou de má-fé".*

Das Obrigações de Dar Coisa Incerta

A obrigação de dar coisa incerta deverá ser indicada ao menos pelo gênero e quantidade, sendo essa indicação feita pelo devedor. A partir da escolha do devedor, a coisa incerta passa a ser certa, devendo regular-se pelas normas relativas às obrigações de dar coisa certa.

É como estabelecem os arts. 243, 244 e 245, com a ressalva da segunda parte do art. 244, que admite outro critério de escolha, se o contrário não resultar do título da obrigação.

O art. 244, última parte, estabelece ainda que o devedor não poderá dar a coisa *pior*, nem será obrigado a prestar a *melhor*.

A jurisprudência a esse respeito tem admitido que a escolha do devedor não pode guiar-se nem pela "coisa pior" nem pela "melhor", mas pela de qualidade média, fugindo tanto de dar a *pior*, quanto de prestar a *melhor*.[11]

O credor deverá ser cientificado da escolha, mas não poderá, antes dela, o devedor alegar perda ou deterioração da coisa, ainda

---

[10] RT 150/124.

[11] RJTJESP 41/138.

que por força maior ou caso fortuito (arts. 245 e 246), justamente porque a coisa é incerta, não podendo perecer ou ter perda parcial daquilo que não está individuado.

A obrigação de dar coisa incerta é do gênero ilimitado, por exemplo a que é assumida pelo comerciante ou pelo intermediário de produtos agrícolas, de entregar uma ou duas toneladas de milho ou de arroz. Nesse caso, para que o devedor alegue perda ou deterioração do produto, deve, antes, escolhê-la, cientificar o credor da escolha para, se for o caso, alegar perda ou deterioração da coisa. E a razão dessa exigência legal está no fato de que o *gênero* nunca perece.

4

Das Obrigações de Fazer

Conceito

O Código Civil disciplinou separadamente as duas espécies de obrigações: *dar* (art. 233) e *fazer* (art. 247). A obrigação de *fazer* tem por objeto um ou mais atos diversos da entrega ou restituição de uma coisa, diferentemente do que ocorre na obrigação de *dar*, que consiste na entrega de uma coisa, objetivando a constituição de um direito sobre ela ou sua restituição.

Nas obrigações de *fazer*, o objeto da prestação é um ato do devedor, e a prestação consiste no serviço material ou imaterial por parte do devedor, na realização de certos fatos positivos para o credor.[12]

O devedor que recusar a prestação a ele imposta, ou só por ele exeqüível (obrigação de fazer personalíssima), incorre na obrigação de indenizar por perdas e danos (art. 247).

---

[12] MENDONÇA, Carvalho de. *Manual do Código Civil.* 4. ed. Rio de Janeiro: Francisco Alves, 1950. v. 10, p. 32.

Nesse caso, a conseqüência da recusa do devedor é a composição indenizatória, condicionada, todavia, à prova das perdas e danos.

Independentemente das perdas e danos, o credor pode requerer a aplicação de multa (*astreintes*), sendo que a coação de caráter econômico pode influir para o cumprimento da prestação, garantindo a efetividade do processo, não havendo teto para o valor dessa cominação.

A obrigação pode ser imposta por contrato ou por sentença, devendo, em um ou outro caso, haver prazo para que o devedor dela se desincumba. A execução de obrigação de fazer começa pela citação do devedor para que cumpra a decisão no prazo fixado, ou seja, realize a obrigação a que se comprometeu. Havendo descumprimento, seja da liminar de antecipação de tutela de mérito (Código de Processo Civil, art. 461, § 3º) ou condenado à tutela específica, o réu deverá cumprir a decisão sob pena de pagamento de multa diária (*astreintes*).

A fixação da multa (Código de Processo Civil, art. 461, § 4º) em valor elevado tem a finalidade de compelir o devedor a cumprir a obrigação na forma específica e inibi-lo de negar-se a cumpri-la. Essa multa não é pena, mas providência inibitória. Daí por que pode e deve ser fixada em valor elevado.[13]

De acordo com o Código de Defesa do Consumidor, a execução da obrigação de fazer ou não fazer deve ser efetivada em forma específica, somente se resolvendo em perdas e danos se o credor assim o preferir ou, ainda, se impossível o seu cumprimento.

Imputabilidade ou Inimputabilidade do Devedor no Cumprimento da Obrigação

Não sendo a obrigação personalíssima, cuja espécie pertence à obrigação de fazer de natureza infungível, podendo o fato ser executado por terceiro (obrigação de fazer fungível), o art. 249 permite que o credor mande executar a obrigação por aquele, à custa do devedor, sem prejuízo da indenização cabível.

[13] NERY JÚNIOR, Nelson; NERY, Rosa Maria de Andrade. *Código de Processo Civil comentado*. São Paulo: Revista dos Tribunais, 2002. art. 461, nota n. 9.

A hipótese legal trata de devedor imputável, pressupondo a existência de recusa ou mora do devedor por sua própria culpa, entendendo-se como tal o devedor que não efetuar o pagamento no tempo, lugar e forma que a lei ou a convenção estabelecer (art. 394).

Havendo, pois, recusa ou mora do devedor, o credor poderá mandar executar o fato por terceiro à custa do devedor, sem prejuízo da indenização cabível. Nesse caso, as indenizações por perdas e danos abrangem, além do que o credor efetivamente perdeu, o que razoavelmente deixou de lucrar (art. 402).

O Código de Processo Civil estabelece no art. 633 que,

> *"Se, no prazo fixado, o devedor não satisfizer a obrigação, é lícito ao credor, nos próprios autos do processo, requerer que ela seja executada à custa do devedor, ou haver perdas e danos".*

Nesse caso, ela se converte em indenização. E (parágrafo único do art. 633)

> *"O valor das perdas e danos será apurado em liquidação, seguindo-se a execução para cobrança de quantia certa".*

Assim, para a execução do fato por terceiro, o credor deverá requerer ao juiz que aquele a realize à custa do devedor. A hipótese legal deverá seguir as normas do art. 634 do Código de Processo Civil, somente sendo excepcionada em caso de urgência, podendo o credor (parágrafo único do art. 249),

> *"independentemente de autorização judicial, executar ou mandar executar o fato, sendo depois ressarcido".*

Quis o legislador, na última hipótese, dar possibilidade ao credor de exercitar o seu direito, sem os entraves da demora de um procedimento judicial, justificado nos casos de urgência.

Mas se o descumprimento é motivado pela impossibilidade de cumprimento da obrigação, tratando-se, pois, de devedor inimputável, ou seja, que não concorre com culpa, de acordo com o art.

248, resolver-se-á a obrigação. Porém, se houver culpa do devedor, responderá por perdas e danos.

Por não tratar a primeira parte do artigo de recusa do devedor, mas de impossibilidade no cumprimento da obrigação, a obrigação considerar-se-á resolvida, sem que se sujeite ao pagamento de perdas e danos. No entanto, se houver culpa do devedor, deverá ele responder pelos prejuízos causados.

Dessa forma, como dispõe o art. 393,

> *"O devedor não responde pelos prejuízos resultantes de caso fortuito ou força maior, se expressamente não se houver por eles responsabilizado",*

considerando-se o caso fortuito ou de força maior aquele cujos efeitos não era possível evitar ou impedir (parágrafo único).

Tal é o caso de alguém que recebe verba de patrocínio para realizar um evento musical em comemoração ao aniversário da cidade, e que, todavia, por fato alheio à vontade do devedor (por exemplo, enchente no local do evento), este não se realiza. O credor não poderá exigir perdas e danos do devedor.

Em outra hipótese, a de não ter sido realizado o evento por culpa do devedor (tumulto ocorrido por negligência na segurança), responderá este por perdas e danos.

O art. 248 comentado só contempla a hipótese de a obrigação tornar-se impossível, mas não prevê o caso de a obrigação ser impossível. No caso de obrigação impossível, por se constituir em ato ilícito, a inadimplência contratual resolve-se em perdas e danos. Cite-se, como exemplo, a promessa de compra e venda feita por quem não tenha o domínio.

Das Obrigações de Não Fazer

Enquanto a obrigação de fazer pressupõe a realização de alguma atividade, a obrigação de não fazer, ao contrário, pressupõe a abstenção do ato que o devedor se obrigou a não praticar. Assim, quando o ato se realiza, o devedor descumpre a obrigação, tornando-se inadimplente.

Como exemplo, cite-se um contrato artístico em que o intérprete concede exclusividade de sua interpretação a determinada gravadora. O artista está impedido, portanto, de gravar em outra gravadora, sob pena de tornar-se inadimplente. A conseqüência do descumprimento da abstenção permite que o credor exija seja o ato desfeito, mantendo-se os efeitos da inadimplência contra o devedor enquanto não houver o desfazimento.

É como dispõe o art. 251,

> *"Praticado pelo devedor o ato, a cuja abstenção se obrigara, o credor pode exigir dele que o desfaça, sob pena de se desfazer à sua custa, ressarcindo o culpado perdas e danos".*

E,

> *"Em caso de urgência, poderá o credor desfazer ou mandar desfazer, independentemente de autorização judicial, sem prejuízo do ressarcimento devido",*

conforme estabelece o parágrafo único do art. 251, objetivando o legislador, nesse caso, facilitar a realização do direito do credor.

Há casos, porém, em que a abstenção do ato se torna impossível, sem culpa do devedor que se obrigou a não praticá-lo. A solução ditada pelo Código é a extinção da obrigação de não fazer, desde que o devedor não tenha contribuído com culpa para essa impossibilidade (art. 250).

Assim, toda vez que se tornar ao devedor inexigível outro comportamento, senão o de praticar determinado ato a que deveria abster-se, a obrigação de não fazer se extingue, tal qual é a relação jurídica *ex locato,* em que o locador está obrigado a abster-se de todo ato prejudicial ao uso e gozo da coisa locada, e em que, sem culpa sua, justificada situação venha tornar impossível ao locador abster-se da prática de ato, em tese, lesivo ao locatário. Inexistem, pois, conseqüências de inadimplemento de obrigação inexigível.

5

Das Obrigações Alternativas

Conceito

Trata-se da obrigação cujo objeto é constituído de prestações distintas e independentes, possibilitando ao devedor o cumprimento de apenas uma delas, de acordo com a escolha de uma das partes, para que se considere a obrigação cumprida.

De acordo com a lei,

> *"Nas obrigações alternativas, a escolha cabe ao devedor, se outra coisa não se estipulou"*

(art. 252), mantendo o legislador o espírito do art. 244, que trata da escolha pelo devedor nas obrigações de dar coisa certa.

Exemplo típico de obrigação alternativa é aquela em que as partes transacionam a venda e compra de um imóvel, tendo como pagamento certa importância em dinheiro como sinal e princípio de pagamento, comprometendo-se o devedor a pagar o restante em prazo determinado ou transferir outro imóvel. Nesse caso, por ocasião do pagamento, caberá ao devedor escolher a forma de pagamento, ou seja, em dinheiro ou mediante a entrega de outro imóvel, como se estipulou.

Caio Mário ensina que, mais do que discutir se o objeto da obrigação alternativa é uno ou plúrimo, o ponto fundamental nas alternativas está no que se chama "concentração" da prestação, que de plúrima e indeterminada passa a simples e determinada.[14]

Por outro lado, as partes podem convencionar a escolha ao credor ou ao devedor. Todavia, se as partes não tiverem convencionado a quem compete a escolha, esta se transfere ao devedor *ex vi legis* do art. 252.

A possibilidade de concentração impede que o devedor obrigue o credor a receber parte em uma prestação e parte em outra (§ 1º do art. 252). Uma vez escolhido o objeto da obrigação, este é que deverá ser atendido para dar cumprimento à obrigação.

E,

> *"Quando a obrigação for de prestações periódicas, a faculdade de opção poderá ser exercida em cada período"*

(§ 2º do art. 252) por quem o contrato estipular, ou na ausência de estipulação, pelo devedor. Cada estipulação relativa a determinado período é autônoma, não implicando que se exija a anterior no período subseqüente.

Decadência do Direito de Escolha

Em todas as hipóteses, se a escolha couber ao devedor e este não a exercita, o credor poderá exigir o cumprimento, citando o devedor para

---

[14] PEREIRA, Caio Mário da Silva. *Instituições de direito civil.* 4. ed. Rio de Janeiro: Forense, v. 2, p. 98. 1980.

exercer a opção e realizar a prestação em dez dias, se outro prazo não lhe foi determinado em lei, no contrato ou na sentença. Se o devedor não se manifestar no prazo estipulado, devolve-se ao credor a opção e, se a opção couber ao credor, deverá ele, desde logo, indicá-la na petição inicial da execução da obrigação (art. 571 do Código de Processo Civil e parágrafos).

Trata-se da decadência do direito de escolha, ou seja, da perda desse direito, que vale tanto para o devedor como para o credor.

A regra do art. 571 do Código de Processo Civil *"disciplina a execução de título executivo extrajudicial que consubstancie celebração entre as partes, tendo por objeto obrigação alternativa (o devedor pode cumprir a obrigação de mais de um modo). Também se presta a execuções aparelhadas por título judicial, em que na sentença tenha a parte ficado condenada a prestar obrigação alternativa. O pedido alternativo (Código de Processo Civil, art. 288) tem como causa de pedir obrigação de natureza alternativa e pode ou não gerar sentença de conteúdo condenatório alternativo (Código de Processo Civil, art. 288,* caput*). Se a natureza da obrigação assumida pelas partes é de conteúdo alternativo, e se cabia ao devedor a escolha (Código Civil, art. 251), pode o juiz proferir sentença condenando o vencido a cumprir a obrigação da forma como ele escolher, ainda que o pedido não seja alternativo (Código de Processo Civil, art. 288, parágrafo único), hipótese em que a execução será de obrigação alternativa como aqui prevista".*[15]

"No caso de pluralidade de optantes", ou seja, diversos devedores a quem cabe a escolha nos termos da lei, ou diversos credores a quem compete a escolha nos termos do contrato,

> *"não havendo acordo unânime entre eles, decidirá o juiz, findo o prazo por este assinado para a deliberação".*

E,

> *"Se o título deferir a opção a terceiro, e este não quiser, ou não puder exercê-la, caberá ao juiz a escolha se não houver acordo entre as partes"*

[15] NERY JÚNIOR, Nelson; NERY, Rosa Maria de Andrade. *Op. cit.* art. 571, nota n. 1.

(§§ 3º e 4º do art. 252). Nesse último caso, a atividade jurisdicional só caberá se as partes divergirem sobre a escolha.

Recorrendo-se à atividade jurisdicional, tem-se que o pedido de execução de obrigação alternativa é específico e não pode o credor exigir a prévia liquidação do equivalente em pecúnia, caso não haja cumprimento da obrigação específica. Tal hipótese só deverá ocorrer se frustrada a execução específica.

Inexeqüibilidade de Cumprimento das Alternativas

> *"Se uma das duas prestações não puder ser objeto de obrigação ou se tornada inexeqüível, subsistirá o débito quanto à outra"*

(art. 253). Trata-se de impossibilidade superveniente do cumprimento da obrigação, que pode ser resolvida mediante a entrega da coisa alternativa.

Como exemplo, tem-se o caso de um escritor que se obriga a escrever determinada obra para edição ou a entregar artigos que já tem escritos sobre o mesmo tema. Na data do vencimento da obrigação, por impossibilidade superveniente à vontade do escritor (doença), a obra não fica pronta. Cumpre ele então a obrigação entregando os artigos prontos.

Já no caso em que uma das prestações se torne impossível, a recusa do credor será justa. Com maior razão a recusa será justa caso se verifique que já era impossível ao tempo da contratação (art. 253).

A propósito, a doutrina esclarece que, tornando-se uma das prestações impossível ou inexeqüível, a prestação é aparentemente alternativa e não cabe, portanto, falar em concentração. Mas se a obrigação compreendia outras coisas, sendo somente uma delas impossível, o negócio jurídico persiste, valendo quanto às demais.[16]

---

[16] MONTEIRO, Washington de Barros. *Op. cit.* p. 98.

Se nenhuma das prestações for exeqüível por culpa do devedor, não competindo ao credor a escolha, ficará o devedor obrigado a pagar ao credor o valor da que por último se impossibilitou, mais as perdas e danos que o caso determinar (art. 254). Neste caso, o devedor não pode valer-se da escolha da obrigação alternativa prevista no art. 252, dada a inexeqüibilidade da prestação na origem.

Se uma das prestações tornar-se impossível por culpa do devedor, e a escolha da prestação couber ao credor, este último terá direito de exigir a prestação subsistente ou o valor da outra, com perdas e danos; se, por culpa do devedor, ambas as prestações se tornarem inexeqüíveis, poderá o credor reclamar o valor de qualquer das duas, além da indenização por perdas e danos (art. 255).

O que diferencia as duas hipóteses legais é a posição do credor, ou seja, se a ele compete a escolha da prestação ou não, quando a prestação não possa ser cumprida por culpa do devedor. Cabendo ao credor a escolha, e uma das prestações se tornar impossível, o credor terá direito de exigir a prestação subsistente ou o valor da outra, com perdas e danos; em caso de ambas as prestações se tornarem inexeqüíveis, o credor poderá reclamar o valor de quaisquer das duas, além de indenização por perdas e danos.

Entretanto, se a escolha não couber ao credor, e se o devedor não puder cumprir nenhuma das prestações, o devedor ficará obrigado a pagar o valor da que por último se impossibilitou, mais as perdas e danos que o caso determinar.

Porém, no art. 256, estabelece que

> *"Se todas as prestações se tornarem impossíveis sem culpa do devedor, extinguir-se-á a obrigação".*

É que a sobrevivência da relação jurídica depende da sobrevivência de seu objeto, já que a validade do negócio jurídico requer, entre outros, objeto possível (art. 104). Todavia, para efeito de extinção da obrigação, o devedor deve ser constituído em mora.

6

Das Obrigações Divisíveis e Indivisíveis

Conceito

A obrigação é considerada divisível quando seu objeto ou prestação é suscetível de ser cumprido em parcelas ou em partes. Por outro lado, a obrigação é considerada indivisível quando seu objeto não permite parcelamento.

O interesse do estudo das obrigações divisíveis ou indivisíveis está ligado à pluralidade de sujeitos na obrigação, credores ou devedores, pois, de outra parte, como ensina a doutrina, *"havendo unidade, nem mais de um devedor obrigado a somente um credor, as obrigações são, em regra, indivisíveis, porque nem o credor é obrigado a receber pagamentos parciais, nem o devedor a fazê-los, salvo se outra coisa for estipulada"*.[17]

[17] BEVILÁQUA, Clóvis. *Direito das obrigações.* 8. ed. Rio de Janeiro: Francisco Alves, 1954. p. 68.

O Código Civil se encarregou de definir quando uma obrigação é indivisível no art. 258, isto é,

> *"quando a prestação tem por objeto uma coisa ou um fato não suscetíveis de divisão, por sua natureza, por motivo de ordem econômica, ou dada a razão determinante do negócio jurídico".*

A natureza da indivisibilidade da obrigação decorre, portanto, do objeto da prestação, que pode ser uma coisa ou um fato não suscetíveis de divisão, em face de sua natureza (por exemplo, uma casa, os bens do espólio), por motivo de ordem econômica (por exemplo, um lote de discos raros, que, uma vez divididos, perdem seu valor econômico) ou dada a razão determinante do negócio jurídico, ou seja, em razão do contrato, da vontade das partes (os contratantes estabelecem entre si um condomínio na coisa comum e assim a obrigação se cumpre com a entrega da prestação, ainda que divisível ao condomínio).

Efeitos da Divisibilidade e da Indivisibilidade

Em caso de prestação indivisível, havendo dois ou mais devedores, cada um deles será obrigado pela dívida toda (art. 259), como se a obrigação fosse solidária. Os devedores ficam, portanto, unidos pelo mesmo vínculo obrigacional, legal ou contratual, da solidariedade. A responsabilidade é coletiva pela totalidade da obrigação.

Já o credor, em caso de descumprimento da obrigação em que figurem dois ou mais devedores, pode acionar, separadamente, um e outro, ou a ambos ao mesmo tempo, pela dívida toda (art. 260). E cada um dos devedores pode cumprir integralmente a obrigação, reservando-se o direito regressivo contra os demais, pois no parágrafo único do art. 259, estabelece que

"O devedor, que paga a dívida, sub-roga-se no direito do credor em relação aos outros coobrigados"

Mas se o credor quiser executar apenas um dos devedores, tendo sido a ação ajuizada contra os demais devedores, numa cumulação *plurissubjetiva,* deverá o credor desistir de acionar o outro.

Por outro lado, ainda que a obrigação tenha por objeto prestação divisível, como é o dinheiro, não podem os credores ser obrigados a receber, nem o devedor a pagar, por parte, se assim não se ajustou no contrato, considerando-se, nesse caso, a obrigação como juridicamente indivisível. Como exemplo, cite-se o caso de credores de uma determinada obrigação instituírem entre si um condomínio, a quem o devedor deverá pagar. A obrigação deve ser considerada indivisível e assim também a prestação, ainda que, a princípio, pudesse ser divisível em razão da coisa (dinheiro) e da pluralidade de credores.

Ainda no caso de obrigação indivisível com pluralidade de credores, pode ser ela exigida por inteiro por apenas um dos credores (art. 260). Trata-se de solidariedade ativa que dá o direito aos credores solidários a exigir do devedor o cumprimento da prestação por inteiro (art. 267).

Formas de Adimplemento das Obrigações Divisíveis e Indivisíveis

"O devedor ou devedores se desobrigarão, pagando:

"I. a todos conjuntamente;
II. a um, dando este caução de ratificação dos outros credores"

(art. 260). E, se o pagamento for realizado a apenas um credor, que recebe por inteiro a prestação, a cada um dos outros credores assistirá o direito de exigir do credor a parte que lhe caiba do total em dinheiro (art. 261).

E o art. 262 estabelece que

> *"Se um dos credores remitir a dívida,* [ou seja, perdoar a dívida] *a obrigação não ficará extinta para com os outros; mas estes só a poderão exigir, descontada a quota do credor remitente".*

E, no parágrafo único do art. 262,

> *"O mesmo critério se observará no caso de transação, novação, compensação ou confusão"*

Assim, se um dos credores perdoar a dívida, realizar concessão com o devedor (transação – art. 840); substituir a dívida por outra (novação – art. 360); se ambos tornarem-se credor e devedor um do outro (art. 368) ou houver confusão na mesma pessoa das qualidades de credor e devedor (art. 381), sendo a obrigação originariamente indivisível, não ficará extinta para com os outros, que só poderão exigi-la, descontada a quota do credor que realizou uma dessas qualidades. Nesses casos, resolvendo-se a obrigação para um dos credores, ainda que parcialmente, perde a prestação a qualidade de indivisível por analogia ao art. 263, que dispõe perder a obrigação essa qualidade, quando se resolver em perdas e danos.

No caso do art. 262, ou seja, quando ocorre remissão da dívida, transação, novação, compensação ou confusão havidas em relação a um só credor, como bem esclarece Álvaro Villaça Azevedo, *"os devedores entregam todo o objeto indivisível e recebem, em pagamento, o valor da quota do credor remitente, pagamento este que lhes é feito pelos dois outros credores que recebem o objeto todo. Se este fosse divisível, já os devedores efetuariam o desconto do valor dessa quota para entregarem só o saldo aos credores não remitentes. Aqui, vemos a possibilidade do desconto na obrigação divisível. Na obrigação indivisível, como esse desconto é impossível, os devedores têm de entregar o objeto todo, para se reembolsarem do valor correspondente à cota do credor, que perdoou a dívida".*[18]

[18] AZEVEDO, Álvaro Villaça. *Teoria geral das obrigações*. 5. ed. São Paulo: Revista dos Tribunais, 1994. p. 95.

No caso de obrigação divisível, o art. 257 estabelece que

> *"Havendo mais de um devedor ou mais de um credor em obrigação divisível, esta presume-se dividida em tantas obrigações, iguais e distintas, quantos os credores ou devedores".*

Cite-se a exemplo a locação em que figuram dois ou mais credores, ou dois ou mais devedores. Nesse caso, se o título não estabelecer o modo de divisão, em sendo vários os credores, cada qual tem direito a uma fração do crédito. É como ensina a doutrina no sentido de que *"na obrigação conjunta ou fracionária, cada credor tem direito a uma fração do crédito, e quando o título não estabelece o modo de divisão, presume-se* juris tantum, *até prova em contrário, que os créditos se dividem* igualmente".[19]

E, em caso de falecimento de um dos credores solidários, os herdeiros só terão direito a exigir a quota do crédito correspondente ao seu quinhão hereditário, salvo se a obrigação for indivisível (art. 270).

---

[19] WALD, Arnoldo. *Curso de direito civil brasileiro* – Obrigações e contratos. 5. ed. São Paulo: Revista dos Tribunais, 1979. n. 22, p. 47.

7

Das Obrigações Solidárias

Disposições Gerais

O art. 264 estabelece que

> *"Há solidariedade, quando na mesma obrigação concorre mais de um credor, ou mais de um devedor, cada um com direito, ou obrigado, à dívida toda",*

e, o art. 265,

> *"A solidariedade não se presume; resulta da lei ou da vontade das partes".*

Não se presumindo a solidariedade, sempre que houver necessidade de interpretar a declaração de vontade para dela se extrair a obrigação solidária, esta não existirá.[20] Tem-se ainda que a *"instituição de solidariedade não depende de palavras expressas, solenes, sacramentais. Basta resulte, inequivocamente, de manifestação equivalente das partes, explícita ou implícita"*.[21]

A solidariedade pressupõe: a presença de vários credores (solidariedade ativa) ou de vários devedores (solidariedade passiva), sendo a obrigação única, a respeito de um mesmo objeto. *"Verifica-se que três são as características da obrigação solidária: a) multiplicidade de credores ou de devedores ou, ainda, de uns e de outros; b) pela unidade da prestação; e c) pela co-responsabilidade dos interessados"*.[22]

Exemplo típico de solidariedade é a que se realiza mediante abertura de conta conjunta bancária, em que ambos são titulares, podendo cada um deles, individual e separadamente, dispor dos fundos. Pode a instituição financeira, em decorrência da solidariedade passiva, agir contra qualquer dos titulares da conta pela totalidade do débito que a conta apresentar. Em caso da conta conjunta tornar-se individual, sendo necessária a anuência da instituição financeira, a solidariedade, evidentemente, desaparece.

O Superior Tribunal de Justiça decidiu que, em caso de conta conjunta, há solidariedade entre os titulares da conta apenas com relação aos créditos perante o banco e a sua movimentação. Refere-se a decisão à ilegitimidade passiva do esposo da emitente da cártula, posto que na qualidade de co-titular da conta corrente conjunta, não obstante possua legitimidade para movimentar os fundos de que também é proprietário, não se torna co-responsável pelas dívidas assumidas por sua esposa individualmente, em face da emissão de cheques destituídos de cobertura financeira, pelos quais somente ela responde.[23]

Em outra decisão do mesmo Superior Tribunal, em que ficou comprovado que os co-titulares, ao celebrarem contrato de abertura de conta conjunta com o banco, não tinham a intenção de

---

[20] JTACSP 125/106.

[21] MONTEIRO, Washington de Barros. *Op. cit.* v. 1, p. 177.

[22] *Ibid.*, p. 172.

[23] REsp 336632, j. 31/03/2003.

solidariedade, limitando-se a função do devedor à movimentação da conta, por necessidade física do co-titular, a solidariedade foi afastada.[24]

Outro caso muito comum de obrigação solidária é o do patrão ou preponente que é solidariamente responsável com o empregado ou preposto pela reparação dos danos causados por este no exercício do seu trabalho ou por ocasião dele. Nesse caso, patrão e empregado são solidários na obrigação de indenizar, em decorrência da relação jurídica interna que se estabelece entre essas partes.

Das Relações Internas e Externas Decorrentes da Solidariedade

Nas obrigações solidárias estabelecem-se dois tipos de relações, uma externa e outra interna. A relação jurídica externa é a que nasce entre o grupo devedor e o grupo credor, e a interna entre os diversos membros do grupo (co-credores ou coobrigados).[25]

O art. 257 trata da relação interna tanto entre credores quanto entre devedores, bem como dos efeitos trazidos por ela em obrigações divisíveis, ao dispor que,

> *"Havendo mais de um devedor ou mais de um credor em obrigação divisível, esta presume-se dividida em tantas obrigações, iguais e distintas, quantos os credores ou devedores".*

Da mesma forma, o art. 270 cuida do caso do falecimento de um dos credores solidários, deixando herdeiros. A relação interna entre os herdeiros fica destacada na determinação legal, no sentido de que,

[24] REsp 127616/RS, de 13/02/2001.
[25] WALD, Arnoldo. *Op. cit.* p. 37.

> *" cada um destes só terá direito a exigir e receber a quota do crédito que corresponder ao seu quinhão hereditário, salvo se a obrigação for indivisível".*

Em outra oportunidade, novamente se fazem presentes os efeitos da relação interna, desta feita entre credores, quando o legislador estabelece, no art. 272, que

> *"O credor que tiver remitido a dívida ou recebido o pagamento responderá aos outros pela parte que lhes caiba".*

Assim, a liberdade do credor em perdoar a dívida ou receber o pagamento tem como conseqüência responder ele aos demais pela parte que lhes caiba.

Nesse caso, presume-se que a repartição da prestação devida entre credores seja feita em partes iguais, pois *"quando o título não estabelece o modo de divisão, presume-se* juris tantum, *até prova em contrário, que os créditos e débitos se dividam igualmente"*.[26]

O falecimento de um dos credores solidários não altera, todavia, a relação externa, ou seja, a que se estabeleceu com o respectivo grupo de credores e o devedor. A morte do credor solidário é irrelevante para a relação externa. No entanto, no tocante à relação interna, os herdeiros que irão sucedê-lo na relação externa terão direito a exigir e receber a quota do crédito que corresponder a seu quinhão, salvo se a obrigação for indivisível, como se viu do art. 270.

A obrigação solidária pode ainda ser pura e simples para um dos co-credores ou co-devedores, e condicional, ou a prazo, ou pagável em lugar diferente, para o outro (art. 266). Os distintos efeitos que pode haver entre credores em relação aos devedores, ou vice-versa, dependendo da forma como foi estipulada na lei ou no contrato, referem-se à relação externa da obrigação solidária.

E, se a prestação referente à obrigação solidária converter-se em perdas e danos, subsistirá, para todos os efeitos, a solidariedade (art. 271).

---

[26] WALD, Arnoldo. *Op. cit.* p. 35.

Da Solidariedade Ativa

A solidariedade ativa se estabelece entre vários credores de uma mesma obrigação, podendo qualquer um deles exigir do devedor o cumprimento, por inteiro, da obrigação (art. 267). Dá-se, pois, legitimidade ao credor, que pode acionar o devedor, independentemente dos demais.

Com a solidariedade entre credores, forma-se uma relação jurídica em que cada qual é credor apenas de uma parte; mas, perante o devedor comum, um único credor poderá exigir do devedor o cumprimento da prestação por inteiro, o que equivale a uma representação dos demais credores.

Em conseqüência, o pagamento realizado pelo devedor a qualquer dos credores, ou àquele que assim o exigir, libera o devedor da prestação, desde que o pagamento tenha se realizado integralmente (art. 269), ficando apenas o credor que recebeu o valor da dívida obrigado a responder por ela perante os demais, na parte que lhes caiba (art. 272).

Na sistemática anterior do Código Civil, o pagamento, quando realizado a um dos credores solidários, extinguia inteiramente a dívida, acrescentando o legislador de 1916 o mesmo efeito em se tratando de novação, compensação e remissão (art. 900 do Código Civil de 1916). O novo Código Civil preferiu deixar claro e expresso que a extinção da dívida será até o montante do que foi pago. É claro que, se o pagamento for integral, a extinção também será total.

Por outro lado, o devedor comum só terá o direito de escolha quanto ao credor enquanto algum deles não o demandar (art. 268). Quer dizer que o direito de escolha do credor para o pagamento é do devedor, até que não seja ele demandado por quaisquer dos credores, quando, em virtude de uma ação judicial, se estabelece uma espécie de prevenção, que obrigará o devedor a efetuar o pagamento ao credor demandante. Assim, se o pagamento tiver sido feito a um dos credores, antes de ser o devedor comum demandado por outro credor, prevalece a regra do art. 268, e o credor que iniciou a ação será certamente considerado carecedor da ação.

Em razão das relações internas que se estabelecem entre os credores de uma mesma obrigação, tem-se que o credor que tiver remitido (perdoado) a dívida ou recebido o pagamento responderá aos outros pela parte que lhes caiba (art. 272). Cabe, nesse caso, ao credor solidário pedir contas ao credor que recebeu ou remitiu a dívida e não mais ao devedor, no caso de ter ele pago integralmente o preço, pois para ambos os credores o que ocorre é a extinção do débito em decorrência do pagamento do devedor ao credor solidário, ficando este último com obrigação de prestar contas do benefício.

O Código Civil ainda estabelece, no art. 273, que o devedor não pode opor a um dos credores solidários as exceções pessoais oponíveis aos outros. Na verdade, o que quis o legislador dizer é que o devedor acionado pode apresentar defesas que lhe forem pessoais ao credor demandante, tais como incapacidade jurídica, vícios de consentimento, inadimplemento de condição que lhe seja exclusiva, e as comuns a todos, ou seja, atinentes à prestação, ilicitude do objeto, pagamento do débito, extinção da obrigação, remissão etc., não aproveitando aos demais as suas defesas pessoais em relação a esse credor.

E, na hipótese de um credor demandar isoladamente o devedor (art. 268),

> *"O julgamento contrário a um dos credores solidários não atinge os demais"*

(art. 274, 1ª parte). É que a sentença não pode constituir coisa julgada em relação aos outros que não foram parte na demanda, por falta do requisito da identidade dos sujeitos (Código de Processo Civil, art. 472). Da mesma forma, o credor que sucumbir em relação a um dos devedores poderá demandar contra os demais, não se podendo argüir coisa julgada.

Por outro lado, caso o julgamento seja favorável, o resultado aproveitará aos demais credores, a menos que se baseie em defesa pessoal do credor que o obteve (art. 274, 2ª parte), ou seja, da mesma forma que a defesa pessoal do devedor diz respeito àquele credor e não favorece a outro co-devedor, também não poderá favorecer aos credores solidários o julgamento, cujo fundamento se sustenta em defesa pessoal do devedor ao credor demandante.

Da Solidariedade Passiva

É da essência da solidariedade a faculdade que tem o credor de exigir ou acionar um dos devedores solidários para a solução da dívida. O credor é, pois, detentor de um direito material que lhe permite exigir e receber de um ou de alguns dos devedores, parcial ou totalmente, a dívida comum (art. 275, 1ª parte), delineando-se o escopo da solidariedade passiva. *"A solidariedade passiva caracteriza-se precisamente pela faculdade que tem o credor a exigir e receber a prestação do obrigado que escolha"*.[27]

Estudando a solidariedade passiva, Clóvis Beviláqua escreveu que *"em virtude da conjunção solidária, o credor poderá pedir o cumprimento da obrigação a qualquer dos co-devedores, sem que este possa alegar o benefício da divisão. Se, porém, preferir, tem a faculdade de fazer valer o seu direito a todos, simultaneamente, abrangendo-os sob o mesmo golpe de ação. Permite-se-lhe, ainda, escolher, apalpar a força de resistência dos devedores. Demandado um que não se mostre em boas condições de satisfazê-lo, plenamente, por debilidade patrimonial, lhe é lícito recuar, voltando-se para o outro, a ver se lhe oferece mais solidez. Ainda não termina aí o conjunto dos direitos do credor em tangência com as obrigações solidárias passivas. Assim como se lhe consente experimentar, por uma ou mais tentativas, qual o devedor mais sólido, se lhe concede renunciar à solidariedade em benefício de um, de alguns ou de todos os co-devedores, desatando a cadeia que os jungia, somente em proveito de um, de muitos ou de todos. Depois de haver pago, tem o devedor o direito de exigir de cada um dos seus consortes na dívida, sua parte respectiva, distribuindo-se, igualmente por todos, a porção insolúvel, que porventura restar"*.[28]

A generalidade da doutrina segue esse importante ensinamento, que não poderia deixar de ser transcrito, já que doravante o que se verá dos textos legais é a aplicação da mesma lição, o que facilitará o entendimento das normas legais.

---

[27] MONTEIRO, Washington de Barros. *Op. cit.* v. 1, p. 195.

[28] BEVILÁQUA, Clóvis. *Direito das obrigações*. 8. ed. Rio de Janeiro: Francisco Alves, 1954. p. 74-75.

Assim, se o pagamento tiver sido parcial, realizado por um dos devedores, todos os demais devedores continuam obrigados solidariamente pelo restante da dívida (art. 275, 2ª parte), e

> *"Não importará renúncia da solidariedade a propositura de ação pelo credor contra um ou alguns dos devedores"*

(art. 275, parágrafo único). É que, pelo mesmo princípio de que fica ao critério do credor escolher o modo pelo qual pretende receber e de quem quer exigir a prestação, a escolha do credor, demandando determinado devedor ou alguns deles, não implica renúncia da solidariedade.

E, no caso, havendo pagamento parcial, a solidariedade persiste. É evidente que se o pagamento for total cessa a solidariedade em virtude de ter-se extinto a obrigação, restando àquele que pagou o direito de buscar entre os demais devedores a quota-parte de cada um.

Pode, pois, o credor demandar contra qualquer dos devedores solidários, sendo certo que a solidariedade passiva não impõe o litisconsórcio necessário, ou seja, *"quando é determinado ou por expressa disposição de lei, ou pela natureza da relação jurídica controvertida"*.[29]

"Nessa matéria, só se pode instituir litisconsórcio voluntário ou facultativo. De conseguinte, se um dos devedores vem a ser demandado individualmente, não pode exigir a presença dos demais no processo".[30]

Em Apelação Cível nº 255/89, o 2º Tribunal de Justiça do Paraná, a respeito da responsabilidade de natureza solidária atribuída a entidade bancária, entendeu que, em tendo o banco pago cheque nominal, sem endosso necessário para a sua circulação e transferência, provocando prejuízos à parte, deve ressarcir os danos pela ausência das cautelas necessárias a sua função.

A decisão apreciou o caso à luz do texto do art. 275 do Código Civil, que faculta ao credor o direito de exigir e receber de um ou de alguns dos devedores a dívida comum, entendendo ainda que, o

---

[29] DE PLÁCIDO E SILVA. *Vocabulário jurídico*. Rio de Janeiro: Forense, 1980. v. 3, p. 954.
[30] MONTEIRO, Washington de Barros. *Op. cit.* v. 1, p. 194-195.

credor, propondo ação contra um dos devedores solidários, não fica inibido de acionar os outros, de acordo com o parágrafo único do artigo comentado.

Na relação externa que se estabelece entre credor e devedores, da mesma forma que os herdeiros do credor solidário terão direito a exigir e receber a quota do crédito que lhes corresponder na herança (art. 270), se um dos devedores solidários falecer deixando herdeiros, nenhum destes será obrigado a pagar senão a quota que corresponder ao seu quinhão hereditário, salvo se a obrigação for indivisível (art. 276).

Portanto, os herdeiros respondem somente pela quota que corresponder ao seu quinhão hereditário, como estabelece a lei, no caso de obrigações divisíveis.

Na relação interna que se estabelece entre os devedores, no caso de falecimento de um deles, todos os herdeiros reunidos serão considerados como um devedor solidário em relação aos demais devedores (art. 276, 2ª parte). O princípio que se estabelece é o de que nas obrigações divisíveis, ou seja, aquelas em que o objeto ou prestação pode ser cumprido em partes ou parcelas, os herdeiros respondem pela quota-parte do devedor, sendo considerados no lugar do devedor solidário falecido, ao lado dos demais.

Da mesma forma como o direito material regulou para o credor solidário, também

> *"O pagamento parcial feito por um dos devedores e a remissão por ele obtida não aproveitam aos outros devedores, senão até à concorrência da quantia paga ou relevada"* (art. 277).

É que o credor tem o direito de reclamar a dívida no todo ou em parte (art. 269) e, se recebe apenas uma fração, os demais devedores ficam obrigados solidariamente pelo restante.

Novamente, há que se invocar as distintas relações jurídicas que se estabelecem entre o credor e os devedores solidários, ou seja, a relação externa, e a outra que ocorre entre os devedores solidários entre si, para a compreensão de que, se um dos devedores pagar a dívida ou for perdoado pelo credor, em relação aos demais devedores haverá aproveitamento até a concorrência da quantia paga ou relevada, no caso de perdão.

A propósito da importância do estudo das duas espécies de relações que envolvem as obrigações solidárias, Orlando Gomes ensina que *"a solidariedade só se manifesta nas relações externas. São dessa natureza as que se travam entre os credores solidários e o devedor ou entre os coobrigados e o credor. Mas entre os sujeitos que estão do mesmo lado forma-se também uma relação, chamada interna. Enquanto nas relações externas, cada credor solidário tem direito de exigir do devedor o cumprimento da prestação por inteiro, ou cada coobrigado pode ser compelido a satisfazer, parcial ou totalmente, a prestação, na relação interna as obrigações dividem-se entre os vários sujeitos. Assim, o devedor que satisfaz a dívida por inteiro tem o direito de exigir de cada um dos coobrigados a sua quota, presumindo-se iguais as partes correspondentes a cada qual, se não houver, para rateio, estipulação em contrário"*.[31]

Assim, como se viu, se o credor se remitir o débito de um devedor, ou dele receber parcialmente, a remissão aproveitará aos co-devedores até a concorrência da quantia paga ou remitida (art. 277), podendo o credor, nos termos da lei, cobrar dos co-devedores a dívida, desde que reduza a quantia remitida ou recebida. Nesse sentido, a jurisprudência entendeu que, se tratando a quantia remitida de correção monetária, *"é óbvio que o credor poderia cobrar dos co-devedores apenas o principal da dívida, sendo obrigado a deduzir a correção monetária, já que, por força da Constituição Federal, essas verbas foram perdoadas, anistiadas, remitidas. Mas, como no caso concreto, a dívida principal já foi paga (e isto foi até mesmo condição para a obtenção do perdão da correção monetária), resta claríssimo que o credor apelante nada mais tem a receber de quem quer que seja"*.[32]

Por outro lado, o devedor solidário pode estabelecer condição, cláusula ou obrigação adicional à originária junto ao credor, porém nenhuma dessas variantes poderá agravar a posição dos outros devedores sem o consentimento destes (art. 278).

---

[31] GOMES, Orlando. *Obrigações*. Rio de Janeiro: Forense, 1961. p. 47-48.

[32] RT 670/92.

Quer dizer que qualquer alteração nas condições inicialmente pactuadas deve ter o consentimento dos demais, para que não se lhes agravem as condições originais estabelecidas, ainda que, de acordo com o art. 266, o credor possa tratar de diferentes modos com os devedores solidários, desde que prévia e expressamente contratado.

O Elemento Culpa na Solidariedade Passiva

Quando a prestação ou objeto da obrigação se tornar impossível por culpa de um dos devedores solidários, subsiste para todos o encargo de pagar o equivalente; mas pelas perdas e danos só responde o culpado (art. 279). O princípio é o de que, resultando a impossibilidade de culpa de um deles, a pena civil só pode atingir a pessoa do culpado, que deverá arcar, exclusivamente, com as perdas e danos.

No caso do fiador, reconhecido como devedor solidário na relação contratual locatícia por prestar uma garantia fidejussória (fiança) e que, por isso, garante exclusivamente o contrato, não há unanimidade quanto a responder ele pelos prejuízos causados pelo devedor, em decorrência de sua exclusiva culpa. É que, tendo o locatário destruído o imóvel, há o entendimento de que o fiador responde no exato limite da responsabilidade contratual, ou seja, devolver o imóvel no estado em que o encontrou na data da locação, ou então a obrigação alternativa de pagar o equivalente em dinheiro. Porém, *"a garantia contratual fidejussória, ainda que contenha cláusula de solidariedade passiva integral do fiador, mercê do disposto no art. 908 do antigo Código Civil (na sistemática atual o art. 279), não estaria contemplada a hipótese de responsabilidade civil pelos prejuízos sofridos pelo locador em razão da conduta culposa do locatário na conservação da coisa locada"*.[33]

Como consta da decisão acima comentada, a deterioração da coisa decorreu de culpa do inquilino e, por força do art. 279 (antigo

[33] RT 670/117.

art. 908), somente este pode ser acionado para a composição das perdas e danos, já que esse pedido implica culpa do contratante.

Isto porque, na ação em que se exige o cumprimento do contrato ou o equivalente em dinheiro, não se perquire a culpa; mas na que exige perdas e danos sim, por força do princípio da responsabilidade pessoal e exclusiva pelos atos decorrentes da culpa, somente a ela respondendo o devedor solidário culpado da prática do ilícito.

Entendimento diverso foi proferido pelo Segundo Tribunal de Alçada Civil do Estado de São Paulo, no caso em que o fiador foi condenado a indenizar o proprietário por danos ocorridos no imóvel em razão do desleixo do locatário-afiançado na sua conservação, tais como falta de batentes, vidros, pisos quebrados, azulejos não substituídos etc. O Tribunal considerou que as avarias não haviam ocorrido pelo simples uso prolongado do prédio, decidindo que *"não se trata de ampliar ou restringir os efeitos da fiança para submetê-la à tutela da responsabilidade civil defluente dos prejuízos sofridos pelo locador em virtude do uso indevido ou culposo do imóvel alugado pelo inquilino. Trata-se, isto sim, de inadimplemento de cláusula contratual a que se obrigou o locatário (e os fiadores também) sob garantia da fiança, nos exatos termos do art. 1.481 do Código Civil* [de 1916]*"* (art. 818).[34]

Também em decorrência do princípio da responsabilidade pessoal e exclusiva, embora todos os devedores respondam pelos juros da mora, ainda que a ação tenha sido proposta somente contra um, o culpado responde aos outros pela obrigação acrescida (art. 280).

"Se a obrigação é solidária todos os devedores são responsáveis pelo pagamento, de sorte que, vencido o prazo, a obrigação de todos eles é liquidá-la. Não o fazendo, incorrem em culpa, de sorte que o fato de somente um ter sido constituído em mora não exclui, em absoluto, a culpa dos outros, pela qual devem responder conjuntamente".[35]

---

[34] FRANCO, João Nascimento. Indenização por danos a imóvel locado. *Tribuna do Direito*, São Paulo, ano 11, n. 121, maio 2003.

[35] SANTOS, João Manoel de Carvalho. *Código Civil brasileiro interpretado*. 4. ed. Rio de Janeiro: Freitas Bastos, 1952. v. 11, n. 1, p. 246-247.

O Direito à Renúncia da Solidariedade em Favor de um ou mais Co-devedores

Como se disse, o credor pode demandar um dos co-devedores, não estando obrigado à formação do litisconsórcio necessário na ação. Cabe, pois, ao devedor apresentar sua defesa opondo ao credor as defesas que somente a ele interessam e as que interessam a todos os demais co-devedores. Todavia, o resultado da ação que teve como fundamento as defesas pessoais do devedor não pode ser aproveitado aos demais co-devedores, mas somente o resultado que teve como fundamento a defesa que a todos interessa (art. 281).

Na obrigação solidária (art. 282),

> *"O credor pode renunciar à solidariedade em favor de um, de alguns ou de todos os devedores"*.

A renúncia a que se refere a lei é do direito e, em conseqüência, o devedor exonerado fica obrigado perante o credor por sua parte na dívida e não mais pela totalidade, por ter havido renúncia da solidariedade.

Assim, a renúncia de um dos devedores, havendo co-devedores, implica subsistir a solidariedade em relação aos demais (parágrafo único do art. 282).

Porém, os demais co-devedores já não respondem pela totalidade, mas apenas pela totalidade da prestação dos restantes, uma vez que em relação à quota do devedor exonerado houve, pode-se dizer, perdão daquela parte.

Além do mais, o devedor exonerado é ainda obrigado a responder pela parte que lhe cabe da quota do insolvente, se o houver entre os co-devedores (art. 283).

Se o credor renunciar à solidariedade em relação a todos os devedores, deixam eles de ser co-devedores de relação solidária, passando a devedores comuns sobre suas quotas individualmente.

É o caso de uma locação estar garantida por dois fiadores. A fiança é solidária, pois são dois a prestar a caução fidejussória sobre uma mesma obrigação. São duas garantias prestadas em conjunto para um só e mesmo negócio, tendo um único credor.

Se o credor renunciar à solidariedade em favor de um deles, extingue-se a solidariedade, uma vez que o co-devedor deixa essa qualidade para responder somente sobre a parte que lhe cabe e não mais sobre o todo, tal qual o credor exonerado.

Pagamento da Dívida por um Só Devedor

O devedor pode satisfazer, integralmente, a dívida com o credor. Nesse caso, tem ele o direito a exigir de cada um dos co-devedores a sua quota (art. 283, 1ª parte). Assim, numa obrigação que tenha vários avalistas, aquele que pagar o débito sozinho tem o direito de exigir dos co-devedores as suas quotas correspondentes na obrigação.

Trata-se de sub-rogação de direitos, ou seja, aquele que satisfaz a dívida integralmente, extinguindo, pois, a obrigação com o credor, fica sub-rogado nos direitos deste, para exigir dos demais a sua quota-parte. A sub-rogação é legal e não se confunde com a cessão de crédito, pois nesta o cessionário assume a posição de credor sobre um crédito mediante transferência dos direitos realizada pela vontade das partes.

No caso de ter havido pagamento parcial da obrigação recebida pelo credor, o devedor sub-rogado só poderá exigir o saldo restante, uma vez que o co-devedor adquire os direitos restantes do credor.

Não havendo estipulação em contrário, presume-se que as partes de todos os co-devedores são iguais e, no caso de um dos co-devedores revelar-se insolvente, tendo o devedor satisfeito a obrigação por inteiro, a parte que couber ao insolvente é dividida entre todos os devedores solidários (art. 283, 2ª parte).

Referido rateio, no caso de co-devedor insolvente, abrange também os exonerados da solidariedade pelo credor (uma vez que a exoneração foi somente do direito e não do débito), que deverão contribuir pela parte que, na obrigação, incumbia ao insolvente, presumindo-se que seja em partes iguais (art. 284).

De outra parte (art. 285),

> *"Se a dívida solidária interessar exclusivamente a um dos devedores, responderá este por toda ela para com aquele que pagar".*

Tome-se a lição de Álvaro Villaça Azevedo, tratando do caso do avalista de uma nota promissória que paga, sozinho, o valor nela contido. O devedor da obrigação é o emitente, já que ele obteve, integralmente, os benefícios advindos da relação jurídica. O avalista é um mero garantidor, que, em decorrência da solidariedade advinda da lei, é coobrigado nesse mesmo título. Se o avalista pagar integralmente o título, poderá reembolsar-se pelo total pago, não se cogitando, nesse caso, de quotas, por não se tratar da hipótese, em regra, do art. 283, que pressupõe devedores todos os coobrigados. *"Aqui, cogitamos da coobrigatoriedade, mas na qual somente um é devedor beneficiado, ou, melhor dizendo, somente um, na realidade, é o devedor. Os outros devedores prestaram como avalistas um favor jurídico, sem qualquer benefício".*[36]

A regra geral é a de que a solidariedade das obrigações permite ao credor exigir a dívida por inteiro a qualquer dos co-devedores (art. 267) ou a exigir e receber de um ou de alguns dos devedores, parcial ou totalmente, a dívida comum (art. 275). Por outro lado, o devedor que satisfez a dívida por inteiro tem direito a exigir de cada um dos co-devedores a sua quota (art. 283) mas, como se viu, se a dívida solidária interessava exclusivamente a um dos devedores, aquele que a pagou tem o direito de recobrá-la do devedor interessado.

"Quer isto significar que, satisfeito o credor comum e extinto o seu crédito, subsiste, todavia, entre os co-devedores solidários um vínculo obrigacional, visando a conferir as respectivas quotas no débito, de sorte que entre eles se estabelecem novas posições de credores e devedores entre si. O instituto processual do chamamento ao processo serve, aliás, exatamente a este propósito de resolver as responsabilidades dos coobrigados solidários

---

[36] AZEVEDO, Álvaro Villaça. *Op. cit.* p. 104.

entre si, aproveitando-se o devedor do próprio processo onde foi citado por escolha do credor" (Código de Processo Civil, arts. 78 e 80).[37]

Para o caso, como se viu do exemplo acima, interessando a dívida solidária exclusivamente a um dos devedores, aquele que pagar poderá demandar este devedor para responder por toda a dívida, provando no processo o exclusivo interesse do demandado. Porém, se o demandado demonstrar também seu interesse no pagamento, haverá o demandante somente de receber a quota-parte do demandado.

[37] RJTJESP 123/224.

8

Da Transmissão das Obrigações

Da Cessão de Crédito

Por cessão de crédito entende-se a transferência feita pelo credor de seus direitos sobre um crédito a outra pessoa, ou seja, a cessão da posição contratual do credor.

O Código Civil permite ao credor ceder o seu crédito,

> *"se a isso não se opuser a natureza da obrigação, a lei, ou a convenção com o devedor"*

(art. 286, 1ª parte). Não podem ser objeto de cessão, por sua natureza, "*os direitos personalíssimos, ou os créditos vinculados a um fim assistencial*".[38]

[38] RODRIGUES, Silvio. *Direito civil* – Parte geral das obrigações. 4. ed. São Paulo: Saraiva, 1973. v. 2, p. 350, § 171.

Tendo a legislação, em sua construção, um novo paradigma para o direito obrigacional, que é o conceito de boa-fé objetiva, no mesmo artigo o legislador inovou, ao estabelecer que, se não constar do instrumento da obrigação a cláusula proibitiva da cessão, não poderá ser oposta ao cessionário de boa-fé.

É que, constituindo a boa-fé objetiva uma norma a ser observada nas relações jurídicas decorrentes do direito das obrigações, no caso de não ter constado no instrumento da obrigação a proibição de cessão do crédito, o legislador harmonizou o preceito, no sentido de que não poderá haver oposição ao cessionário de boa-fé, em prestígio a esse princípio geral de direito.

Havendo cessão de um crédito, abrangem-se todos os seus acessórios, salvo disposição em contrário (art. 287). É que o crédito em si corresponde ao objeto principal da obrigação. Tudo o mais são acessórios.

O art. 92 conceitua o principal como

"o bem que existe sobre si, abstrata ou concretamente",

sendo acessório aquele cuja existência supõe a do principal.

Como na cessão de crédito o que há é uma transferência e não administração de direitos, o cedente fica alienado de todos os direitos relativos ao crédito cedido. Sendo assim, os acessórios acompanham o crédito, tais como: fiança, hipoteca, penhor, juros, salvo se o contrário for convencionado.

Validade Perante Terceiros. Eficácia Perante o Devedor

Para que a cessão de crédito possa valer contra terceiros, não tendo sido celebrada por instrumento público, a lei, no art. 288, exige que o instrumento particular esteja revestido das solenidades indicadas no § 1º do art. 654, a saber:

"O instrumento particular deve conter a indicação do lugar onde foi passado, a qualificação do outorgante e do ou-

> *torgado, a data e o objetivo da outorga com a designação e a extensão dos poderes conferidos"*

O Código Civil eliminou a necessidade de ser o instrumento particular de cessão de crédito levado para registro, limitando-se a indicar o cumprimento das solenidades contidas no § 1º do art. 654. Quanto ao instrumento público, a dispensa se deve com maior razão, já que seria redundante se a cessão é formalizada em cartório competente. Todavia, reservou ao cessionário de crédito hipotecário o direito de fazer a averbação da cessão no registro do imóvel (art. 289).

Uma vez dispensado o registro do documento particular relativo à cessão de crédito, esta somente terá eficácia em relação ao devedor quando este último for dela devidamente notificado. E (art. 290),

> *"por notificado se tem o devedor que, em escrito público ou particular, se declarou ciente da cessão feita"*.

O insigne Clóvis Beviláqua, a respeito, ensina que "*o conhecimento da cessão é feito ao devedor pela notificação, que pode ser judicial ou extrajudicial. Esta última não tem forma estabelecida na lei, mas não basta a declaração verbal, pois há necessidade de fixar-se o tempo da cessão. Qualquer dos interessados, o cedente ou o cessionário, pode fazê-la*".[39] E a razão dessa exigência é impedir que o devedor efetue pagamento a quem deixou de ser titular do crédito, em conseqüência da cessão.

Na cessão necessariamente figuram o cedente e o cessionário, como ministra Washington de Barros Monteiro: "*O primeiro é aquele que aliena ou transfere seus direitos e o segundo, aquele que os adquire, investindo-se na titularidade respectiva. O devedor, a quem impropriamente se costuma denominar cedido, não intervém no ato jurídico. Para este, indiferente se torna ter este ou aquele como credor. Interessa-lhe apenas saber qual o legítimo detentor do crédito, para oportunamente solver-*

---

[39] BEVILÁQUA, Clóvis. *Código Civil comentado*. 10. ed. Rio de Janeiro: Francisco Alves, 1955. v. 4, art. 1.069.

lhe a prestação. Só para esse fim se lhe comunica a cessão, mas a sua anuência ou intervenção é dispensável".[40]

Se no mesmo crédito ocorrerem várias cessões,

> *"prevalece a que se completar com a tradição do título do crédito cedido"*

(art. 291). Ocorre que

> *"A cessão do crédito não tem eficácia em relação ao devedor, senão quando a este notificada"*

(art. 290, 1ª parte); se o mesmo crédito foi objeto de várias cessões a pessoas diferentes, prevalecerá a cessão notificada ao devedor em primeiro lugar, para que o devedor não seja vítima de má-fé do cedente.

Ainda subsidiado no princípio da boa-fé que deve reger as relações obrigacionais,

> *"o devedor que, antes de ter conhecimento da cessão, paga ao credor primitivo, ou que, no caso de mais de uma cessão notificada, paga ao cessionário que lhe apresenta, com o título de cessão, o da obrigação cedida",*

ficará desobrigado (art. 292, 1ª parte).

A regra do art. 292 é protetiva, valendo o pagamento realizado pelo devedor que desconheça a cessão com eficácia, ainda que esse pagamento tenha sido feito ao cedente, se o devedor não tinha conhecimento da cessão *ou paga* ao cessionário que lhe apresentou o título respectivo.

Por outro lado, relevando o mesmo espírito de boa-fé que deve prevalecer no direito das obrigações, quando o crédito constar de escritura pública, prevalecerá a prioridade da notificação (art. 292, 2ª parte). É que, embora o título por escritura pública tenha publicidade, preferiu o legislador dar prioridade ao pagamento realizado pelo devedor, quando é notificado da cessão a terceiros.

---

[40] MONTEIRO, Washington de Barros. *Op. cit.* p. 375.

Exercício do Direito pelo Cessionário. Defesa do Devedor. Obrigação do Cedente pela Solvência do Devedor

Independentemente do conhecimento da cessão pelo devedor, pode o cessionário exercer os atos conservatórios do direito cedido (art. 293) como forma de preservação do crédito recebido. Tratando-se a cessão de crédito de uma forma de transferência do crédito, o cessionário que o recebe pode tomar todas as providências necessárias à sua conservação.

Considerando o fato de que na cessão de crédito a única alteração que existe para o devedor é a substituição do credor (art. 294),

> *"O devedor pode opor ao cessionário as exceções que lhe competirem, bem como as que, no momento em que veio a ter conhecimento da cessão, tinha contra o cedente"*.

O que a lei quer dizer é que a cessão de crédito não obstaculiza o devedor de apresentar todas as defesas que seriam apresentadas contra o credor primitivo ao cessionário do crédito.

Por outro lado, a cessão é a transferência de obrigações, e ninguém pode transferir o que não tem. Assim, na cessão por título oneroso, o cedente, ainda que não se responsabilize pelo cumprimento da obrigação, fica responsável ante o cessionário pela existência do crédito ao tempo em que o cedeu; a mesma responsabilidade lhe cabe nas cessões por título gratuito, se tiver procedido de má-fé (art. 295).

Trata-se da responsabilidade *"pela existência do crédito ao tempo da cessão"* ou *"pela realidade da dívida"*,[41] pois o cedente responde pela existência da dívida. Tornando-se impossível o recebimento do crédito, por comprovada extinção da obrigação quando da cessão, subsiste a responsabilidade do cedente junto ao cessionário. Todavia, a doutrina diverge quanto a uma questão interessante: se deve ou não o cessionário somente ir contra o cedente, depois de ter agido contra o devedor.

---

[41] PEREIRA, Caio Mário da Silva. *Op. cit.* v. 2, p. 310.

E a jurisprudência também não é *assente* a respeito, pois o caso não é de equiparar-se à evicção, *"somente para esta exigindo a notificação do litígio ao alienante, quanto e como lho determinarem as leis do processo, para que o direito possa ser exercitado"*.[42]

Se, todavia, o crédito cedido, ao tempo da cessão, apresentava riscos ou sugeria perigos, a garantia legal desaparece quando o cessionário tem conhecimento de tais riscos e perigos, ou seja, quando recebe a coisa litigiosa com conhecimento.

No caso de falência do devedor, tendo o credor originário já habilitado o crédito nos autos da falência, a única providência a ser tomada pelo cessionário refere-se à mudança de titularidade do crédito habilitado, trazendo-se a prova da cessão operada.

De outra parte (art. 296),

> *"Salvo estipulação em contrário, o cedente não responde pela solvência do devedor"*.

Quer dizer que a responsabilidade do cedente traduz-se apenas quanto à existência real do crédito e não pela solvência do devedor, salvo convenção em contrário.

Porém, o cedente, quando responsável ao cessionário pela solvência do devedor (art. 297),

> *"não responde por mais do que daquele recebeu, com os respectivos juros; mas tem de ressarcir-lhe as despesas da cessão e as que o cessionário houver feito com a cobrança"*

A hipótese trata de cessão *pro solvendo,* ou seja, destinada ao pagamento, e o cedente, nesse caso, pode reservar-se o direito de ação, pois estará cuidando de interesses próprios, já que o eventual insucesso na cobrança pode prejudicar o próprio cedente, que terá que despender recursos próprios para indenizar o cessionário.

Podem, portanto, os direitos relativos a um crédito cindir-se, desde que haja disposição expressa ou tácita, como trata o exemplo

---

[42] RJTJESP 90/98.

citado, em que há separação do crédito ou direito subjetivo da respectiva ação.

No caso de ter sido a cobrança realizada pelo cessionário, o cedente, no caso do art. 297, fica responsável não somente pelo crédito e juros mas também pelas despesas da cessão e da cobrança.

Se o crédito estiver penhorado (art. 298),

> *"não pode mais ser transferido pelo credor que tiver conhecimento da penhora; mas o devedor que o pagar, não tendo notificação dela, fica exonerado, subsistindo somente contra o credor os direitos de terceiro"*

Tal é o caso de credor que deve a outrem e tem o crédito penhorado por seu próprio credor. Não pode mais ceder o referido crédito se o credor tem conhecimento dessa penhora. Por outro lado, se o devedor pagar ao credor, desconhecendo a penhora daquele crédito, fica exonerado pelo princípio da boa-fé. Todavia, contra o credor do crédito penhorado subsistirão os direitos de terceiros, já que deverá ele satisfazer o crédito de seu credor.

Da Assunção de Dívida

Como forma de transmissão das obrigações, cuidou o legislador do Código Civil de 2002 de inserir um capítulo sobre assunção de dívida.

Trata-se de permitir a qualquer terceiro assumir a obrigação do devedor, exigindo a lei que haja o consentimento expresso do credor. Nesse caso, cumprida essa formalidade, o devedor primitivo fica exonerado da obrigação, salvo se o terceiro que assumiu a dívida, ao tempo da assunção, era insolvente e o credor o ignorava (art. 299).

Verifica-se, pois, que o legislador, na última parte do texto legal, prestigia a boa-fé objetiva, que obriga os contratantes a agir com lealdade recíproca em todas as fases da obrigação, pois, no caso de o credor desconhecer que o terceiro que assumiu a dívida era insolvente ao tempo da assunção da dívida, não pode o devedor primitivo exonerar-se da obrigação.

É fundamental, pois, que o credor consinta que terceiro assuma a obrigação do devedor, em respeito ao princípio da autonomia da vontade, razão por que o legislador exige que o consentimento do credor deve ser expresso. Assim sendo, o silêncio do credor deve ser interpretado como recusa, tal qual consta do parágrafo único do art. 299, que estabelece que

> *"Qualquer das partes pode assinar prazo ao credor para que consinta na assunção da dívida, interpretando-se o seu silêncio como recusa".*

Em contrapartida, a partir da assunção da dívida por terceiro, com o consentimento expresso do credor, consideram-se extintas as garantias especiais dadas originariamente pelo devedor ao credor, salvo assentimento expresso do devedor primitivo (art. 300).

Mas,

> *"Se a substituição do devedor vier a ser anulada, restaura-se o débito, com todas as suas garantias, salvo as garantias prestadas por terceiros, exceto se este conhecia o vício que inquinava a obrigação"*

(art. 301). Quer dizer que, uma vez anulada a substituição, o débito, com todas as suas garantias originárias, será restaurado, excluindo-se as garantias dadas por terceiros, a menos que o devedor tivesse conhecimento do vício que *inquinava à* obrigação.

O que quer o legislador preservar é a segurança às partes, de forma que nenhuma delas possa obter, em detrimento da outra, vantagens indevidas ou venha a frustrar a pretensão daquele que está de boa-fé.

Justamente por isso é que o novo devedor, ou seja, aquele que assumiu a dívida, não pode opor ao credor as exceções pessoais, ou seja, as defesas pessoais, que competiam ao devedor primitivo, como estabelece o art. 302, pois presume-se que o terceiro assume a obrigação sabendo das informações indispensáveis a evitar um fracasso no seu cumprimento.

Quem adquire imóvel hipotecado

> *"pode tomar a seu cargo o pagamento do crédito garantido; se o credor, notificado, não impugnar em trinta dias a transferência do débito, entender-se-á dado o assentimento"*

(art. 303). A lei exige, portanto, que haja notificação ao credor hipotecário para que possa ele manifestar sua vontade, dando-lhe o prazo de 30 dias para impugnar a transferência do débito. Nesse caso, não havendo impugnação, o silêncio deverá ser interpretado como assentimento (art. 115), diversamente do que consta do parágrafo único do art. 299, em que o silêncio do credor em manifestar-se sobre a assunção da dívida por terceiro deve ser tido como recusa.

9

Do Adimplemento e Extinção das Obrigações

Conceito

Ensina a moderna doutrina que o adimplemento é a realização do conteúdo da obrigação pelo devedor e obedece a dois princípios, a saber: o princípio da pontualidade e o princípio da boa-fé objetiva.[43]

Aliás, o princípio da boa-fé objetiva constitui-se num corolário do direito obrigacional, trazido em destaque pelo Código Civil, para garantir o equilíbrio entre as partes contratantes em face da complexidade das negociações originada pela sociedade moderna.

O adimplemento e em conseqüência a extinção das obrigações se dá mediante o pagamento, que por sua vez pode ser realizado por diversas modalidades e espécies, como veremos a seguir.

---

[43] SILVA, Rafael Peteffi da. *Op. cit.* p. 138.

Do Pagamento

O pagamento não se resume somente à entrega de uma determinada quantia em dinheiro. Tem uma acepção mais ampla, sendo *"lição que se insere na Doutrina mais antiga com raízes no Direito Romano, pois pagamento é solutio, solução, fato em virtude do qual se destaca o vínculo obrigacional"*. Nesse sentido, observa Orlando Gomes que as expressões: *"Adimplemento, solução, cumprimento, pagamento, execução, traduzem* solutio. *– cf. Obrigações, n. 57"*.[44]

De Quem Deve Pagar

Em toda a relação obrigacional há um ou vários credores e um ou vários devedores. O pagamento, normalmente, compete ao devedor ou devedores. Todavia, a lei contempla hipóteses em que esse pagamento pode ser realizado por terceiro interessado – aquele que está vinculado aos laços obrigacionais de alguma forma – ou não interessado – o que não está vinculado à obrigação –, dispondo no art. 304, *caput*, que

> *"Qualquer interessado na extinção da dívida pode pagá-la, usando, se o credor se opuser, dos meios conducentes à exoneração do devedor"*.

A lei reconhece ao terceiro interessado o direito de pagar, permitindo-lhe que se utilize dos meios processuais cabíveis, no caso de oposição do credor. São reconhecidos como terceiros interessados aqueles a quem a lei material concede sub-rogação legal, prevista no art. 346, ou seja: o credor que paga a dívida do devedor comum, portanto em obrigação solidária; o adquirente do imóvel hipotecado, que paga ao credor hipotecário, bem como o terceiro que efetiva o pagamento para não ser privado de direito sobre o imóvel; o terceiro interessado que

[44] RJTJESP 112/60.

paga a dívida pela qual era ou podia ser obrigado, no todo ou em parte, tal qual o fiador.

Nesses casos, a sub-rogação se opera, de pleno direito, em favor do terceiro interessado, como dispõe o art. 346, III.

O terceiro não interessado, ou seja, aquele que não tem qualquer relação com a obrigação, tem igual direito de pagar a dívida, se o fizer em nome e à conta do devedor, salvo oposição deste (art. 304, parágrafo único). Referido terceiro não se sub-roga nos direitos do credor, mas apenas tem o intuito de resgatar a dívida, não podendo o credor recusar o pagamento.

Além disso, o art. 305, *caput*, estabelece que

> *"O terceiro não interessado, que paga a dívida em seu próprio nome, tem direito a reembolsar-se do que pagar; mas não se sub-roga nos direitos do credor".*

E se pagar antes do vencimento da dívida, só terá direito ao reembolso no vencimento (art. 305, parágrafo único).

A propósito do tema, ensina Arnoldo Wald que *"se o terceiro que paga não for pessoa interessada na relação jurídica, não se dá a sub-rogação. O terceiro não interessado pode pagar em nome e por conta do devedor ou em seu próprio nome, tendo direito ao reembolso do que gastou, mas não se sub-roga. Somente o interessado se pode enquadrar pelo pagamento, na situação legal do credor, em virtude do interesse que tem na relação jurídica. O terceiro sem vinculação com a relação jurídica não é beneficiado pela sua intervenção, só tendo direito ao reembolso em virtude dos princípios gerais referentes ao enriquecimento sem causa".*[45]

Bem por isso a jurisprudência tem entendido que o terceiro não interessado que paga a dívida representada por nota promissória, em honra do emitente, não tem ação contra o avalista, justamente porque não se sub-rogou nos direitos do credor, mas somente pode pedir o reembolso das quantias pagas contra aquele em nome de quem pagou.[46]

---

[45] WALD, Arnoldo. *Op. cit.* p. 69.

[46] RT 538/234 e 576/251; JTACSP 79/29.

De outra parte, a razão pela qual o credor não pode se opor ao pagamento – pois se assim o fizer permite ao devedor, ao terceiro interessado ou mesmo ao terceiro não interessado pagar e, em conseqüência, extinguir a obrigação – é a de que para o credor o pagamento significa a exoneração da obrigação, não podendo se sustentar numa vontade caprichosa. A recusa do credor, em relação ao terceiro interessado ou não, é consentida somente no caso de obrigação de fazer, quando for convencionado que o devedor a execute pessoalmente.

Em relação ao devedor, não está este obrigado a reembolsar àquele que pagou, quando o pagamento feito por terceiro foi realizado com desconhecimento ou oposição do devedor, que tinha meios para ilidir a ação (art. 306). Embora ao devedor, normalmente, seja defeso se opor ao pagamento do débito por terceiro, nesse caso, na falta de seu conhecimento, ou quando houver oposição do devedor contra o pagamento a ser realizado por terceiro, já que o próprio devedor pode ilidir a ação, em ocorrendo o pagamento, o terceiro não poderá exigir o reembolso.

O pagamento pode importar transmissão de propriedade. Nesse caso, só terá eficácia quando realizado por quem possa alienar o objeto em que ele consistiu (art. 307). Portanto, o devedor que pretenda extinguir a obrigação, mediante pagamento que importe em transmissão de propriedade, deve ter legitimidade para fazê-lo, não podendo transmitir o que não possui. A lei exige, portanto, na espécie, uma capacidade especial do devedor.

Já no caso do pagamento consistir em coisa fungível, definida como os bens móveis que podem substituir-se por outros da mesma espécie, qualidade e quantidade (art. 85), se o solvente não tiver o direito de aliená-la, não se poderá mais reclamar do credor que, de boa-fé, a recebeu e consumiu (art. 307, parágrafo único).

Daqueles a Quem se Deve Pagar

Se, de um lado, o devedor e qualquer terceiro interessado ou não interessado na extinção da obrigação podem pagar ao credor, de outro, o art. 308 estabelece que

> *"O pagamento deve ser feito ao credor ou a quem de direito o represente, sob pena de só valer depois de por ele ratificado, ou tanto quanto reverter em seu proveito".*

O devedor deve, portanto, ao fazer o pagamento que não seja diretamente ao credor, tomar cautela e certificar-se sobre a legitimidade da representação para dar quitação sobre a dívida. *"Se o pagamento foi feito a quem não era legitimado a recebê-lo, não há eficácia de solução. Não é pagamento: o que se pagou não libera o devedor. Quem paga mal, paga duas vezes".*[47]

Conforme estabelece o texto legal, o pagamento pode ser feito a um representante do credor, *"que pode ser o mandatário regularmente constituído com poderes especiais para receber e dar quitação (representação convencional), o gestor de negócios (representação oficiosa) e o representante que a lei coloca à frente dos interesses do credor (representação legal)"*, e *"um dos requisitos da consignatória é que ela seja dirigida contra o credor capaz de exigir ou a quem tenha capacidade de por ele receber".*[48]

Exemplos Trazidos da Jurisprudência

Sobre a legitimidade do pagamento realizado ao mandatário, a jurisprudência fornece inúmeros exemplos, tais como: o realizado por meio de Cartório de Protestos ou banco, presumindo-se que quem leva título a protesto, ou o entrega a um banco para cobrança, há de ter autorizado o recebimento dos respectivos valores, sendo certo que, embora haja quitação por uma dessas entidades, não significa, necessariamente, tenha o ato alcançado a importância que corresponderia à correção monetária; a ação de consignação em pagamento contra quem, com aquiescência do locador – inferível de seu silêncio prolongado – vem recebendo os aluguéis de casa e dando as quitações; em sentido contrário, foi reconhecida a

[47] MIRANDA, Francisco Cavalcanti Pontes de. *Tratado de direito privado*. 2. ed. Rio de Janeiro: Borsoi, 1958. t. 24, p. 120.

[48] RJTJESP 124/177, citando o escólio de Serpa Lopes e Caio Mário da Silva Pereira.

ilegitimidade de administradora-mandatária, acionada em lugar do sujeito ativo da relação locatícia, o senhorio mandante, pelo entendimento de que não há como confundir legitimação do direito material para receber (Código Civil, art. 308, antigo art. 934) com a legitimação processual, ou seja, de estar em juízo, como réu, na consignatória de pagamento de aluguéis (Código de Processo Civil, art. 3º).

Em outro caso, na ação de consignação em pagamento de aluguéis, foi reconhecida a legitimidade passiva da administradora porque, ausente o locador, aquela assinara o contrato, exibindo procuração com poderes amplos, gerais e ilimitados e especiais para receber, transigir, e além disso praticara o ato de recusa; não se pode atribuir eficácia ao pagamento efetuado aos herdeiros, quando incidir sobre coisas concretas do patrimônio hereditário, posto que antes da partilha seu direito não se concretizou, devendo o pagamento ser realizado ao espólio.[49]

Credor Putativo e a Boa-fé Objetiva

O credor putativo é aquele que se apresenta como tal e que o concurso de circunstâncias leva a crer ser ele o credor, o que torna escusável o erro do devedor. Desse modo, o pagamento feito de boa-fé ao credor putativo é válido, ainda que, depois, se venha provar que não era credor (art. 309).

O que a lei protege é a boa-fé, considerando-se que, em relação ao credor putativo, há a presunção de que seja ele o verdadeiro credor, aplicando-se ao caso a teoria da aparência. Todavia, a teoria da aparência não dispensa a prudência e diligência que o devedor deve ter para que o erro se torne escusável.

A boa-fé, cláusula geral a inspirar os negócios jurídicos (art. 113), deve estar alicerçada não só em bases subjetivas, mas principalmente em motivos e razões que possam ser averiguados, para que, no caso do pagamento ao credor putativo, possa ser ele considerado válido, ainda que, posteriormente, se prove não ser aquele o credor, ou

[49] RT 612/135 e 672/214; RJTJESP 123/42 e 124/177; RSTJ 58/375.

seja, exige-se que a aparência seja constituída por uma situação jurídica objetiva que a justifique.

Aliás, essa é a novidade trazida pelo Código Civil, no sentido de perquirir a auto-responsabilidade e a confiança que se estabelecem nas relações jurídicas obrigacionais e que devem inspirar as declarações de vontade e os comportamentos sociais.

Na sistemática do Código anterior, não havia disposição legal específica sobre a matéria, mas o direito pátrio já reconhecia a teoria da aparência, como consta da lição de Orlando Gomes, que cita as hipóteses em que a aparência manifesta-se em relação ao próprio mandato e em relação a um ato praticado pelo mandatário. Pode, assim, inexistir mandato (elemento oculto) porém existir a aparência de mandato (elemento visível), o que leva o terceiro a erro quanto à realidade, baseado na boa-fé (elemento psicológico).[50]

Da Capacidade e da Representação dos Credores para Receber

No que tange ao pagamento realizado cientemente a credor incapaz de quitar, o pagamento não valerá se o devedor não provar que, em benefício do incapaz, efetivamente reverteu (art. 310).

O pressuposto que se tem é que o pagamento, para ser válido, se realize à pessoa capaz de dar a quitação, entre outros requisitos legais como a especificação do lugar e do tempo do pagamento. Faltando quaisquer dessas condições, o pagamento não será considerado válido.

A questão da capacidade está prevista nos arts. 1º a 5º do Código Civil. Assim, o pagamento realizado ao credor absolutamente incapaz (art. 3º) não pode produzir nenhum efeito, ainda que o devedor não tenha conhecimento do fato. Em relação ao credor relativamente incapaz, como a incapacidade se refere a certos atos, o pagamento é considerado válido, e se o devedor provar que em benefício dele

[50] GOMES, Orlando. *Transformações gerais do direito das obrigações*. São Paulo: Revista dos Tribunais, 1967. cap. X, p. 11-120.

efetivamente reverteu, ou for ratificado pelo representante do devedor, produzirá efeitos no mundo jurídico.

De outra parte, o art. 311 estabelece que

> *"Considera-se autorizado a receber o pagamento o portador da quitação, salvo se as circunstâncias contrariarem a presunção daí resultante".*

O que a lei estabelece, nesse caso, é uma presunção de que o portador da quitação está autorizado a receber o pagamento em nome do credor, lembrando a especializada doutrina que *"a presunção existe quando se trata de portador da quitação e não do título. O que se justifica, porque tudo indica que entregando a quitação a um terceiro, necessariamente o credor autorizou-o a receber a quantia devida. Há um mandato tácito".*[51]

De acordo com a regra do art. 308, o pagamento deve ser feito ao credor ou a quem o represente. Esse representante poderá ser legal, judicial e convencional (representante com mandato expresso ou tácito). O mandatário deve ter poderes especiais para receber, na forma do que consta do art. 661, que estabelece que o mandato em termos gerais só confere poderes de administração. Para o caso do mandatário exercer atos que exorbitem da administração ordinária, tais como alienar, hipotecar, transigir, receber, dar quitação, entre outros, necessita de poderes especiais e expressos (§ 1º do art. 661).

Pela regra do art. 311, o pagamento pode ser recebido pelo portador da quitação. Mas, se houver circunstâncias que contrariem essa presunção de que o portador da quitação seja pessoa apta a receber o pagamento, este será considerado ineficaz para extinguir a obrigação.

De qualquer forma, o documento de quitação – que sempre poderá ser dado por instrumento particular – designará o valor e a espécie da dívida quitada, o nome do devedor, ou quem por este pagou, o tempo e o lugar do pagamento, com assinatura do credor ou do seu representante e, ainda que o instrumento não contenha os requisi-

---

[51] SANTOS, João Manoel de Carvalho. *Código Civil brasileiro interpretado*. 6. ed. Rio de Janeiro: Freitas Bastos, 1955. v. 12, p. 102-103.

tos acima, valerá a quitação se de seus termos ou circunstâncias resultar claro haver sido paga a dívida (art. 320 e parágrafo único).

Se o devedor pagar ao credor, apesar de intimado da penhora feita sobre o crédito, ou da impugnação a ele oposta por terceiros, o pagamento não valerá contra estes, que poderão constranger o devedor a pagar de novo, ficando-lhe ressalvado o regresso contra o credor (art. 312).

Trata-se do caso de credor que deve a terceiro e tem seu crédito penhorado. O devedor está intimado da penhora ou da impugnação e, assim mesmo, paga ao credor de sua obrigação. Referido pagamento não terá valor contra o terceiro, e este poderá obrigar o devedor a pagar novamente a dívida, mantendo o devedor o direito de regresso contra o credor. Aplica-se o ditado *"quem paga mal paga duas vezes"*.

Do Objeto do Pagamento e sua Prova

O objeto do pagamento consiste na própria prestação da obrigação. E o art. 313 estabelece que

> *"O credor não é obrigado a receber prestação diversa da que lhe é devida, ainda que mais valiosa"*.

No entanto, com seu consentimento, o credor pode fazê-lo (art. 356).

O que a lei exige é, portanto, o consentimento para dar eficácia a prestação diversa da que lhe é devida. Sem o consentimento, não se considerará extinta a obrigação.

A contrario sensu, o credor de determinada coisa não pode exigir coisa diversa. Assim, não pode o credor da obrigação, cuja prestação é de dar coisa de determinado valor, transformá-la em obrigação de pagar certa quantia em dinheiro, pois as obrigações se cumprem conforme o pactuado, sem que se alterem as prestações.

De outra parte, ainda que a obrigação tenha por objeto prestação divisível, o art. 314 estabelece que

> *"não pode o credor ser obrigado a receber, nem o devedor a pagar, por partes, se assim não se ajustou".*

É que entende-se o pagamento como *"negócio jurídico quando o direito de crédito objetive uma prestação que tem caráter negocial. E o negócio jurídico é bilateral quando para a* solutio *exige participação volitiva do credor".*[52]

O que importa, portanto, é a concordância do credor, pois que sem ela não está ele obrigado a receber por partes, se assim não ajustou, o que vale também para o devedor.

Dívida de Valor. Dívida em Dinheiro. Onerosidade Excessiva

Um dos princípios do adimplemento da obrigação é o da pontualidade, e como tal o art. 315 estabelece que

> *"As dívidas em dinheiro deverão ser pagas no vencimento, em moeda corrente e pelo valor nominal, salvo o disposto nos artigos subseqüentes".*

Aqui cabe uma menção sobre o que se considera dívida de valor e dívida de dinheiro. Trata-se de distinção que adquire importância especialmente nas discussões em que se pretende manter íntegra a reparação do ato ilícito, como se verá no capítulo das indenizações, mas que merece referência nesta seção por tratar do objeto do pagamento.

Ensina Pontes de Miranda, citado por Theodoro Júnior, que são dívidas de valor *"as que se há de adimplir mediante não prestação de importe nominal, mas de prestação de valor, que se há de determinar em dinheiro ou em outro objeto. Há o objeto-fim e o objeto-meio. O objeto-fim é o valor e o objeto-meio é o dinheiro necessário para adquiri-lo".*[53]

---

[52] RSTJ 58/307.

[53] THEODORO JÚNIOR, Humberto. A correção monetária segundo a Lei 6.899/81. *Revista dos Tribunais,* São Paulo, v. 558, p. 25.

Em outra expressão, Cândido R. Dinamarco, citando Mauro Brandão Lopes, ensina: *"tem-se obrigação dessa natureza (dívida de valor) quando a prestação do devedor não consiste em soma em dinheiro, determinada ou indeterminada, mas ao invés estabelecimento ou restabelecimento de específica posição patrimonial do credor, como em tema de alimentos, indenizações, salários ou enriquecimento ilícito. Assim, nas dívidas de valor, a moeda é apenas 'meio para liquidação do débito, não o seu objeto' (Ascarelli). Entende-se como devido um* quid, *algo que ponha ou reponha o patrimônio do credor na posição desejada; não o* quantum *que em determinado momento o representa ou representava".*[54]

Assim, quem causa dano ao automóvel de outrem não deve uma importância fixa, mas sim o valor do conserto, cuja quantia se apura no valor do pagamento.

Já o art. 315 trata das dívidas em dinheiro, que são as representadas em seu valor nominal. Os contratos de mútuo, como regra geral, têm como objeto o pagamento de dívida em dinheiro; a quantia correspondente ao contrato deverá ser devolvida com os juros contratados.

O referido artigo, portanto, estabelece que

> *"As dívidas em dinheiro deverão ser pagas no vencimento, em moeda corrente e pelo valor nominal, salvo o disposto nos artigos subseqüentes".*

De acordo com os artigos subseqüentes, o art. 316 estabelece que

> *"É lícito convencionar o aumento progressivo de prestações sucessivas".*

Nesse caso, tratando-se de prestações sucessivas (contínuas, consecutivas), as partes podem convencionar o aumento progressivo das prestações, a fim de manter o equilíbrio contratual, desde que não

[54] DINAMARCO, Cândido Rangel. Inflação e processo. *Revista dos Tribunais*, São Paulo, v. 589, p. 19.

haja desproporcionalidade entre o valor da prestação devida e o do momento de sua execução.

Aliás, o art. 317 já estabeleceu que,

> *"Quando, por motivos imprevisíveis, sobrevier desproporção manifesta entre o valor da prestação devida e o do momento de sua execução, poderá o juiz corrigi-lo, a pedido da parte, de modo que assegure, quanto possível, o valor real da prestação".*

Trata-se do direito pretoriano, agora em forma legislativa, que autoriza a revisão dos contratos por obra do juiz, em hipóteses como a de superveniência de acontecimentos anômalos e imprevisíveis, que terminam por comprometer de maneira grave o equilíbrio econômico do negócio.

Tal situação já se multiplicava em leis especiais, a exemplo da legislação sobre locação de imóveis, no Código de Defesa do Consumidor, que no art. 6º, V, estabelece, entre os direitos básicos do consumidor, a modificação das cláusulas contratuais que instituam prestações desproporcionais à realidade do negócio, ou sua revisão em face de fatos supervenientes que as tornem excessivamente onerosas, tal qual se vê no art. 478 do Código Civil, que trata da onerosidade excessiva.

Encontra-se presente, pois, no art. 317 a função social dos negócios, que permite ao juiz a revisão judicial dos contratos, com relativização do princípio do *pacta sunt servanda*, em especial nos negócios de trato sucessivo, quando a revisão judicial do que foi pactuado se realiza mediante o emprego de técnicas variáveis, com relevo para a invocação da velha cláusula *rebus sic stantibus* ou da chamada teoria da imprevisão.

Essa matéria é tratada na obra que cuida dos contratos em geral, que faz parte desta coleção.

Pagamento em Moeda Estrangeira

De outra parte, o art. 318 estabelece que

> *"São nulas as convenções de pagamento em ouro ou em moeda estrangeira, bem como para compensar a diferença entre o valor desta e o da moeda nacional, excetuados os casos previstos na legislação especial".*

Sobre o tema, a jurisprudência já vinha decidindo pelo afastamento da variação cambial do dólar como indexador da correção monetária, ante a ausência de prova da efetiva captação da moeda no exterior; vedando a atualização de valores pela variação cambial, por não haver prova de que a obrigação assumida em moeda estrangeira serviu ao financiamento do bem e, também, diante da superveniência da alta do dólar, que causou onerosidade excessiva ao consumidor.[55]

Há casos, previstos na legislação especial, em que se admite a equivalência das moedas, como consta da decisão do Superior Tribunal de Justiça confirmando a validade de cláusula do contrato que prevê o pagamento do valor equivalente a quantidade de moeda americana, ao decidir: *"É de evidência cristalina que o pagamento se fará em moeda corrente do País, cuja quantidade deverá corresponder a certa quantidade da moeda americana, sem que tal convenção infrinja o disposto no art. 1º do Decreto-Lei 857/1969, ou o art. 6º da Lei 8.880/1994"*. Não houve, portanto, pagamento em dólar, nem se estipulou o pagamento em moeda estrangeira.[56]

Há que se ter presente, no entanto, que o art. 318 estabelece que, excetuados os casos previstos na legislação especial, são nulas as convenções que não só fixem o pagamento em moeda estrangeira ou ouro, mas também todo e qualquer ajuste que tenha como referencial moeda estrangeira para compensar a diferença desta e o da moeda nacional. Assim, já dispunha não só o Decreto-Lei 857, de 11/09/1969, como também a Lei 8.245/1991 (do inquilinato) nos arts. 17 e 85, proibindo a estipulação de aluguel em moeda estrangeira ou sua vinculação à variação cambial. *"Mesmo diante desses textos legais, há, contudo, forte corrente doutrinária sustentando que válidas são as estipulações de pagamento em*

---

[55] Apelação Cível 70004289633, TJRGS j. 16/04/2003; Apelação Cível 70004826475, TJRGS.

[56] REsp 466801/SP, j. 02/04/2003.

real, embora tendo como elemento referencial determinada moeda estrangeira. Nos tribunais, esse entendimento tem encontrado suporte em diversas decisões (RT 705/241, JTACSP-RT 170/95, 194/428) *e oposição em outras tantas* (JTACSP-RT 155/357, RT 631/91). *Nestas últimas predominou a intenção de se homenagear a moeda nacional nela reconhecendo poder liberatório pleno e, assim, insuscetível de ser mensurado pelo valor de toda e qualquer moeda de outro país. Nesse sentido, foram as decisões do STF que permitiram aos devedores o pagamento nos valores pactuados em reais, quando ocorreu sua desvalorização em princípios de 1999 (*RJ 287/101*)".*[57]

Da Quitação Regular

Em sendo o pagamento um dos modos de adimplemento das obrigações, o devedor que paga tem direito a quitação regular, e pode reter o pagamento, enquanto não lhe seja dada quitação (art. 319). E o art. 320 estabelece que

> *"A quitação, que sempre poderá ser dada por instrumento particular, designará o valor e a espécie da dívida quitada, o nome do devedor, ou quem por este pagou, o tempo e o lugar do pagamento, com a assinatura do credor, ou do seu representante".*

A jurisprudência, adotando a melhor doutrina, tem entendido que o pagamento é negócio jurídico quando o direito de crédito objetive uma prestação que tem caráter negocial. E o negócio jurídico é bilateral quando para a *solutio* exige participação volitiva do credor, ou seja, de um lado solve a obrigação e de outro traduz concordância dos credores com os haveres que são colocados à sua disposição. Assim, o credor só pode exigir o pagamento quando cumpre sua obrigação de quitar.[58] E a quitação há de ter o alcance da importância paga, extinguindo, nessa medida, a obrigação.

---

[57] FRANCO, João Nascimento. Aluguel em moeda estrangeira. *Tribuna do Direito*, São Paulo, ano 11, n. 120, abr. 2003.

[58] RSTJ 58/307.

Como consta da decisão comentada, trazendo a lição de Orlando Gomes, Pontes de Miranda e Caio Mário da Silva Pereira, *"a quitação pode ser: a) total ou parcial; b) geral ou específica; c) irrevogável ou revogável. Se o pagamento extingue, definitivamente, a relação jurídica obrigacional, a quitação libera completamente o devedor, denominando-se plena ou total. Há quitação parcial: 1. quando o credor admite receber parceladamente dívida que pode exigir por inteiro; 2. quando o pagamento deve ser efetuado em quotas periódicas. Na primeira hipótese, o recebimento por conta dá lugar ao recibo de quitação parcial. O devedor permanece vinculado, sendo liberado apenas da parcela quitada"*.

Ainda, servindo-se da mesma lição, *"tem direito à quitação parcial quem paga parte da dívida, com extinção dela. O ônus de provar a inexatidão da quitação é do devedor"*.[59]

A quitação fornecida em termos gerais, sem reserva ou limitação, abrange todas as dívidas até então contraídas, sendo defeso ao credor exigir, posteriormente, o pagamento de outros débitos, ainda que acessórios à obrigação principal. Todavia, a quitação somente do principal não afasta o direito do credor de vindicar a respectiva atualização do título, já que a quitação extingue a obrigação no limite do valor do documento. Tal é o caso da quitação feita por oficial de protesto, que é considerada válida, nos limites em que é realizada, não implicando, contudo, a quitação de outros débitos, podendo o credor reivindicá-los judicialmente.

Da Prova da Quitação

A prova da quitação se faz por meio da emissão de recibo claro, explícito, redigido na forma do que consta do art. 320, aceitando-se como quitação, quando se referir a nota promissória, a posse da própria cambial ou recibo, ou ainda declaração equivalente, também na forma do art. 320.

O cheque emitido pelo devedor ou por terceiro, em pagamento de dívida, sem provisão de fundos, não extingue a obrigação.

[59] RSTJ 58/307.

É que *"a ilicitude tem por fundamento disposição de lei que, embora infringida, não torna impossível a formação do ato, mas apenas se limita a não consentir que ela produza efeitos. O ilícito abrange não somente o que é criminoso, mas ainda o que é contrário aos bons costumes, à moral, em suma, tudo aquilo que é contrário à ordem pública, ou seja, aos interesses da vida social. E são contrários à ordem pública, ilícitos, todos os atos cujo objetivo versar sobre prestações punidas pela lei penal. Assim, repugna à consciência jurídica sustentar, invocando o rigor formal do direito cambiário, que o ato criminoso da emissão de cheques sem fundo possa beneficiar o infrator. A esse rigor do direito cautelar, sobrepõe-se o fundamento ético da ciência jurídica, que repele a ilicitude como gerador de quaisquer efeitos benéficos"*.[60]

De acordo com o que consta do art. 320, o recibo faz prova da quitação. No parágrafo único do art. 320, estabelece que

> *"Ainda sem os requisitos estabelecidos neste artigo valerá a quitação, se de seus termos ou das circunstâncias resultar haver sido paga a dívida"*.

Ocorre que as circunstâncias podem demonstrar que o recibo não faz prova da liberação. É que o recibo *"constitui, em todos os casos, demonstração de que devedor cumpriu a obrigação, mas não é em todos os casos que traduz o reconhecimento, a parte* creditoris, *de que a prestação recebida seja efetivamente o cumprimento devido. Embora normalmente o seja, poderá acontecer que as circunstâncias autorizem a reabertura do débito, quando a liberação dependa de uma verificação da* res debita *que, feita posteriormente ao recibo, demonstra não ter sido entregue"*.[61]

Nesses casos, o princípio da livre apreciação da prova, à luz das circunstâncias do caso concreto, poderá demonstrar que a presunção criada pelo recibo não vale como quitação, como é o caso de recibo expedido por incapaz (art. 310). Ao devedor caberá pro-

---

[60] SANTOS, João Manoel de Carvalho. *Código Civil brasileiro interpretado*. 4. ed. Rio de Janeiro: Freitas Bastos, 1952. v. 3, p. 238.

[61] PEREIRA, Caio Mário da Silva. *Op. cit.* v. 2, p. 162.

var a realização do pagamento na forma, quantidade e qualidade ajustada para o cumprimento da obrigação, cabendo ao credor demonstrar os vícios da coisa recebida para exigir o cumprimento exato da obrigação.

Ao devedor, portanto, é lícito demonstrar a quitação da obrigação por todos os meios de prova em direito permitidos. Assim, se o devedor quitar a dívida ao credor de títulos originários em triplicata, devidamente formalizada, não pode o terceiro, portador dos títulos originários exigir o recebimento da importância da dívida, a não ser que demonstre a real transferência das cártulas pelo credor, provando, portanto, a existência de relação negocial entre o terceiro o e credor.

É que o art. 321 estabelece que

> *"Nos débitos, cuja quitação consista na devolução do título, perdido este, poderá o devedor exigir, retendo o pagamento, declaração do credor que inutilize o título desaparecido".*

No exemplo exposto, a declaração do credor foi substituída pela emissão de triplicata, certo de que as circunstâncias não autorizavam a exigência por terceiro de receber as importâncias constantes dos títulos originários que se encontravam em sua posse.

Presunção de Quitação

Também pode haver quitação quando o credor admite receber parceladamente dívida que pode exigir por inteiro, e quando o pagamento deve ser efetuado em quotas periódicas. Nesse último caso, a quitação da última parcela estabelece, até prova em contrário, a presunção de estarem solvidas as anteriores (art. 322).

O dispositivo estabelece a presunção de pagamento das prestações anteriores, diante da quitação da última, ressalvando a possibilidade de prova em contrário. Quer dizer que o credor deverá provar que não recebeu as prestações anteriores, em caso de haver quitação da última parcela.

Essa disposição tem sua aplicação prática especialmente em matéria de aluguel, quando se presume pago o aluguel relativo a determinado mês se exibidos comprovantes, sem ressalva, relativos aos meses subseqüentes. Cabe ao que se pretende credor trazer prova para destruir tal presunção.[62]

No caso de adimplemento, cuja prova se faz pela restituição de títulos, a norma do art. 322 não se aplica, considerando-se que os títulos cambiários são autônomos quanto à circulação e quitação, tanto é certo que a entrega do título cambiário relativo à última cártula não gera a presunção de estarem pagos os anteriores. Por outro lado, se o credor recebe o que lhe é devido, sem reserva de juros, estes presumem-se pagos, como consta do art. 323, que, na verdade, explicita os limites da quitação e complementa o teor do art. 320, que estabelece a sua forma.

Assim, se o credor dá quitação do capital sem reserva de juros, a quitação será plena, porque, de acordo com a lei, os juros se presumem pagos, operando a exoneração total do devedor, ainda que os juros sejam devidos. A propósito da presunção, a doutrina e a jurisprudência não são unânimes quanto a ser ela tida como absoluta (*juris et jure*) ou relativa (*juris tantum*), o que admitiria prova em contrário.

Por outro lado, como entende a jurisprudência, é inaplicável o art. 323 quando a dívida está vinculada a cambial relativa a contrato, se o devedor, muito tempo depois do vencimento da dívida contratual, solve em Cartório de Protestos o título então emitido e representativo do valor principal. A quitação em tais termos obtida respeita exclusivamente ao valor inserto na cártula paga. A extinção da obrigação cambial não pode extrapolar tais limites para, de forma juridicamente írrita, traduzir também a extinção da obrigação contratual.[63]

De outra parte, o art. 324 estabelece que

> *"A entrega do título ao devedor firma a presunção do pagamento".*

---

[62] Bol. AASP de 16/10/1991, n. 1713, p. 273.
[63] RT 643/121.

Tal é o caso da entrega das cártulas, que, como se viu, são suficientes para que se considere pago o valor nelas inscritos, em razão de sua própria autonomia.

Todavia, de acordo com o texto legal, o que se tem é apenas uma presunção, permitindo-se a produção de provas em sentido contrário.

Se a quitação sobre todo o preço é outorgada em escritura pública, não há que se falar em produção de prova sobre a existência de suposto débito, cabendo, isto sim, pedido de desconstituição da escritura pública onde se outorgou a quitação.

O parágrafo único do art. 324 preceitua que

> *"Ficará sem efeito a quitação assim operada se o credor provar, em sessenta dias, a falta do pagamento".*

Não se aplica a regra do art. 324 se o pagamento, por exemplo, de título executivo extrajudicial se realizar em Cartório de Protestos. A entrega do título ao devedor não impede que o credor intente ação para exigir a recomposição monetária do valor acrescido de juros, não havendo de se invocar o art. 324.

É que o pagamento realizado em Cartório de Protestos não solve integralmente a obrigação cambial, permanecendo o devedor vinculado ao credor, dado o insatisfatório adimplemento.

Todavia, o credor tem o prazo de sessenta dias para intentar ação para exigir a complementação, sob pena de decadência de seu direito.

As despesas que resultarem do pagamento e quitação presumem-se a cargo do devedor. Mas, no art. 325, estabelece que

> *"se ocorrer aumento por fato do credor, suportará este a despesa acrescida".*

É o caso, por exemplo, do texto do art. 946 do anterior Código Civil, onde se previa que, se o credor mudasse de domicílio ou morresse, deixando herdeiros em lugares diferentes, correria por sua conta a despesa acrescida. O legislador atual preferiu generalizar o fato do credor que acresce despesa ao devedor, entendendo-se, portanto, qualquer fato que importe em aumento de despesa.

O art. 326 estabelece que

> *"Se o pagamento se houver de fazer por medida, ou peso, entender-se-á, no silêncio das partes, que aceitaram os do lugar da execução".*

A hipótese legal é específica para o caso do pagamento realizar-se por peso ou medida, determinando ser o local de pagamento o da execução, no silêncio do contrato.

A regra geral relativa ao lugar do pagamento, encontra-se no art. 327, tratado em título específico, em razão de sua importância.

Desistência ou Renúncia ao Direito como Forma de Quitação

Até agora o que se viu foi a ocorrência ou não de quitação, resultante do recebimento da prestação para dar cumprimento à obrigação.

Todavia, a quitação pode dar-se também pela desistência ou renúncia ao direito que se tinha sobre o devedor, pela qual o mesmo fica liberado da obrigação, como ensina De Plácido e Silva: *"A quitação juridicamente válida tem a finalidade imediata de desonerar ou exonerar o devedor de toda e qualquer responsabilidade acerca da obrigação quitada. Por esse motivo, não pode ser mais importunado pelo credor pela mesma obrigação. É deixado em descanso. Somente prova irretorquível de simulação, erro ou falsidade, terá eficácia para anular os efeitos jurídicos que deva produzir".*[64]

Tal efeito também se aplica se o credor desistir ou renunciar ao direito que tinha sobre o devedor.

---

[64] DE PLÁCIDO E SILVA. *Vocabulário jurídico.* Rio de Janeiro: Forense, 1980. v. 4, p. 1.284.

Do Lugar do Pagamento

O art. 327, *caput*, estabelece que

> *"Efetuar-se-á o pagamento no domicílio do devedor, salvo se as partes convencionarem diversamente, ou se o contrário resultar da lei, da natureza da obrigação ou das circunstâncias"*

e, em seu parágrafo único,

> *"Designados dois ou mais lugares, cabe ao credor escolher entre eles."*.

O lugar do pagamento é de importância, porquanto fornece elementos para resolver onde o devedor pode liberar-se mediante o pagamento e determina onde o credor tem o direito de exigi-lo.

No estudo do lugar do pagamento têm relevância as distinções que se faz sobre a dívida quesível (*quérable*) e portável (*portable*).

Dívida Quesível (*Quérable*) e Dívida Portável (*Portable*)

A dívida entende-se quesível quando, não havendo convenção entre as partes, o pagamento deve ser feito no domicílio do devedor, ou seja, deve ser cobrada no domicílio do devedor.

Entretanto, se outra forma se convencionou, a dívida entende-se portável, ou seja, o devedor deverá levá-la ao credor. Para que assim se caracterize, basta ao credor a prova do contrato, para que sua atitude seja meramente passiva, não estando o cumprimento da obrigação dependente de nenhuma atividade sua. A regra geral é a de que o pagamento deve ser efetuado no domicílio do devedor, ou seja, quesível. Porém a regra só se aplica se não se verificar nenhuma das exceções previstas na lei ou na convenção das partes. O legislador estabeleceu tal regra visando desonerar o devedor de outras despesas para dar cumprimento a sua obrigação, como tratou o art. 325, prevendo-se que, se ocorrer o aumento por fato do credor, este suportará a despesa acrescida.

Como ensina numerosa doutrina, trata-se de um favor que a lei concede ao devedor, que dele pode renunciar, sendo assim lícito ao devedor dirigir-se ao domicílio do credor para pagar ou, em caso de recusa de recebimento, fazer o depósito do valor devido.

A renúncia, todavia, deve ser efetuada mediante estipulação expressa ou se evidenciar por fatos objetivos que traduzam a renúncia de forma indubitável, pois, à falta destes elementos, deve o pagamento da obrigação ser realizado no domicílio do devedor. Pagamentos repetidos feitos pelo devedor no domicílio do credor não devem ser entendidos como renúncia, pois tal fato não torna a dívida portável, continuando ela quesível, ou seja, aquela que o credor deve ir buscar do devedor, salvo se houver indícios objetivos de que o direito não mais será exercido.

A qualificação da dívida em portável ou quesível adquire importância também quanto à caracterização da inadimplência e da mora, ou seja, se a dívida é quesível, ou *quérable*, tendo ela de ser paga no domicílio do devedor, se o credor deixar de providenciar seu recebimento, não se pode falar em mora do devedor, mas em mora do credor, conhecida também como *mora accipiendi.*

A inércia do credor afasta a mora do devedor (*mora debitoris*) e a mora de *pagar (mora solvendi*), ainda que a dívida estivesse vencida no termo (*mora ex re*), porque imprescindível prévia diligência do credor para constituição do devedor em mora.[65]

Nos termos do art. 327, a presunção é a de que o pagamento é quesível, ou seja, deve ser procurado pelo credor (dívida *quérable*), salvo se tiver convencionado o contrário, cumprindo, nesse caso, ao devedor oferecer o pagamento ao credor (dívida *portable*). *"Representa típico exemplo de dívida* quérable *a proveniente de aluguéis, que o senhorio deve procurar, em regra, no domicílio do devedor"*.[66]

---

[65] REsp 363614/SC, de 22/04/2002.

[66] MONTEIRO, Washington de Barros. *Op. cit.* v. 1, p. 282.

Do Local de Pagamento no Caso de Tradição de Imóvel

O art. 328 estabelece que

> *"Se o pagamento consistir na tradição de um imóvel, ou em prestações relativas a imóvel, far-se-á no lugar onde situado o bem".*

Aplica-se à hipótese o mesmo exame quanto à dívida *quérable* ou *portable* no que concerne às prestações relativas a imóvel, não podendo esse dispositivo ser interpretado com a amplitude a englobar a dívida por aluguéis.

Como consta da jurisprudência, apoiada na doutrina de Carvalho Santos, o dispositivo está restrito *"a toda prestação consistente num* facere *sobre um imóvel como entrega de seus acessórios, v.g., a colheita do café, contrato sobre árvores não cortadas, em razão do que excetua os alugueres, os juros hipotecários, as prestações inerentes aos demais direitos reais de garantia, atento a que não consistem um* facere*".*[67]

A primeira parte do art. 328 diz respeito à tradição de um imóvel, que de acordo com o art. 1.245 do Código Civil se dá mediante o registro do título translativo no Registro de Imóveis. Assim, consistindo o pagamento na tradição do imóvel, este se dará no lugar onde se encontra o imóvel, ou seja, mediante o registro no Registro de Imóveis a que o mesmo pertence.

O art. 329 preceitua que

> *"Ocorrendo motivo grave para que se não efetue o pagamento no lugar determinado, poderá o devedor fazê-lo em outro, sem prejuízo para o credor".*

Evidentemente, o motivo a que se refere a hipótese legal deverá ser grave o bastante para alterar a regra do pagamento, mas, mesmo assim,

[67] JTACSP 2/163.

o devedor poderá pagar em outro lugar, sem prejuízo para o credor. Neste caso, qualquer despesa decorrente da alteração do local do pagamento certamente deverá ser assumida pelo devedor.

Os Institutos da *Supressio* e da *Surrectio*

Ainda que tenha o legislador previsto que o pagamento deve efetuar-se no domicílio do devedor, salvo as exceções legais, como o contrato, o art. 330 prevê a hipótese de o pagamento reiteradamente feito em outro local presumir renúncia do credor relativamente ao previsto contratualmente. Trata-se a referida hipótese de uma novidade que procura vedar o abuso do direito do credor, estando conforme os princípios ordenadores da relação jurídica obrigacional, concernentes à boa-fé, trazidos pelo Código Civil.

É evidente que o pagamento deve ser reiterado, ou seja, realizado por grande lapso temporal, a fim de que se aplique a regra do art. 330, para que se presuma a renúncia do credor relativamente ao previsto no contrato. A presunção admite prova em contrário, já que caberá ao devedor provar que o pagamento é reiterado e, se for o caso, que nunca tenha sido exercido na forma como consta do contrato.

Ensina a moderna doutrina de Rafael Peteffi da Silva, citando decisão do Tribunal de Justiça do Rio Grande do Sul sobre os institutos da *supressio* ou *surrectio*, cujos conceitos tratam da matéria aludida na inovação do art. 330: *"Com efeito, a supressio é caracterizada como a situação do direito que, não tendo sido, em certas circunstâncias, exercido durante um determinado lapso de tempo, não possa mais sê-lo por, de outra forma, se contrariar a boa-fé"*.

Prossegue o doutrinador trazendo a lume a decisão mencionada, aplicando o instituto da *supressio*, como se transcreve: *"A* supressio *constitui-se em limitação ao exercício de direito subjetivo que paralisa a pretensão em razão do princípio da boa-fé objetiva. Para a sua configuração exige-se (I) decurso de prazo sem exercício do direito com indícios objetivos de que o direito não mais seria exercido e (II) desequilíbrio, pela ação do tempo, entre o benefício do credor e o prejuízo do devedor. Lição de Menezes Cordeiro"*.

Por outro lado, a *surrectio "aponta para o nascimento de um direito como efeito, no tempo, da confiança legitimamente despertada na contraparte por determinada ação ou comportamento"* ou seja, temos a mesma situação fática analisada pelo ângulo do ofendido.[68]

Tais institutos agasalham a norma do art. 330, prevalecendo, assim, a boa-fé dos contratantes, quando o credor recebe a prestação reiteradamente em lugar diverso do pactuado, criando para o devedor um direito nascido pelo próprio comportamento das partes.

Do Tempo do Pagamento

Ensina a especializada doutrina que o tempo no cumprimento da obrigação é de muita importância, especialmente em razão da caracterização da inadimplência e suas conseqüências.

Nas relações jurídicas obrigacionais, são as partes que fixam o tempo para cumprimento da obrigação; porém, quando as partes não ajustam época para o pagamento, pode o credor exigi-lo imediatamente, salvo disposição legal em contrário (art. 331).

São as chamadas obrigações de prazo indeterminado e, nesse caso, o momento em que o credor exige o pagamento cria para o devedor a necessidade de satisfazê-lo, desde que não exista qualquer condição suspensiva do prazo ou que acarrete sua dilatação.

O inadimplemento da obrigação, positiva e líquida, uma vez exigido o pagamento pelo credor, ainda que imediato, constitui de pleno direito em mora o devedor (art. 397), estabelecendo o parágrafo único do mesmo artigo que, não havendo termo, ou seja, data para o cumprimento da obrigação, o credor deverá interpelar o devedor para caracterizar a mora.

Em contraparte, nas obrigações de prazo indeterminado, o credor é obrigado a receber a qualquer momento, pois a data de venci-

68 COSTA, Judith Martins e BRANCO, Gerson Luiz Carlos, citados por SILVA, Rafael Peteffi da. *Op. cit.* p. 142.

mento da obrigação é imposta pelo credor, como consta do art. 331 e, não constando da convenção, cria a obrigação do credor em receber no momento em que o devedor pagar.

Existindo condição, ou seja, a cláusula que, derivando exclusivamente da vontade das partes, subordina o efeito do negócio jurídico a evento futuro e incerto (art. 121),

> *"As obrigações condicionais cumprem-se na data do implemento da condição, cabendo ao credor a prova de que deste teve ciência o devedor",*

conforme art. 332. Quer dizer que o tempo nas obrigações condicionais será a data do implemento da condição, que, uma vez cumprida, autoriza o credor a exigir o pagamento imediatamente, cabendo, no entanto, ao credor a prova de que o devedor teve ciência do cumprimento da condição.

Em casos especiais, pode o credor exigir o pagamento da dívida antes de vencido o prazo estipulado no contrato ou na lei civil, ou seja, do art. 333,

> *"I. no caso de falência do devedor, ou de concurso de credores;*
> *II. se os bens, hipotecados ou empenhados, forem penhorados em execução por outro credor;*
> *III. se cessarem, ou se se tornarem insuficientes, as garantias do débito, fidejussórias, ou reais, e o devedor, intimado, se negar a reforçá-las."*

Trata-se de casos específicos que protegem a expectativa do credor no recebimento de seu crédito, nas situações indicadas por lei. Todavia, ocorrendo quaisquer das situações enunciadas no art. 333, se houver, no débito, solidariedade passiva, não se reputará vencido quanto aos outros devedores solventes.

Evidentemente que, havendo solidariedade passiva no débito, o vencimento antecipado em razão dos casos apontados no texto do art. 333 não pode alcançar os demais devedores solventes. A questão se resolverá de acordo com as normas relativas à solidariedade passiva.

10

Do Pagamento em Consignação

Disposições Gerais

Como ensina a especializada doutrina em geral, o instituto da consignação em pagamento, também chamado de oferta real, é simultaneamente de direito civil e processual, já que a matéria está disciplinada nos arts. 334 a 345 do Código Civil e 890 a 900 do Código de Processo Civil.

Em quaisquer dos casos, trata-se do direito que se confere ao devedor de pagar a dívida ou cumprir a obrigação mediante depósito judicial, ou seja, operando-se a substituição do pagamento voluntário pelo forçado, nos casos e formas legais. Tanto é certo que é considerado pagamento, e extingue a obrigação, o depósito judicial, ou em estabelecimento bancário, da coisa devida, nos casos e formas legais (art. 334).

O que se discute no pagamento em consignação é o direito do autor da ação à quitação, e certamente por isso o art. 335 estabeleceu as condições em que a consignação tem lugar, sendo elas:

"I. se o credor não puder, ou, sem justa causa, recusar receber o pagamento, ou dar quitação na devida forma;

II. se o credor não for, nem mandar receber a coisa no lugar, tempo e condição devidos;

III. se o credor for incapaz de receber, for desconhecido, declarado ausente, ou residir em lugar incerto ou de acesso perigoso ou difícil;

IV. se ocorrer dúvida sobre quem deva legitimamente receber o objeto do pagamento;

V. se pender litígio sobre o objeto do pagamento".

Vimos que o pagamento constitui a *solutio* da obrigação. E que o devedor que paga tem direito a quitação regular, podendo até reter o pagamento enquanto não lhe seja dada a quitação.

Quando há recusa injusta do credor, comissiva ou omissiva, o devedor pode depositar em juízo ou em estabelecimento bancário a coisa devida. A insuficiência do depósito não gera a improcedência do pedido. Quer dizer apenas que o efeito da extinção da obrigação é parcial, até o montante da importância consignada, podendo o juiz, desde logo, estabelecer o saldo líquido remanescente a ser cobrado na execução, que pode ter curso nos próprios autos.[69]

Modernamente, a jurisprudência admite, na ação de consignação em pagamento, o exame da validade e da interpretação de cláusulas contratuais, reconhecendo tratar-se de instrumento processual eficaz para dirimir os desentendimentos entre as partes a respeito do contrato, em especial o valor das prestações.[70]

Nas obrigações de trato sucessivo, ou seja, divisível, em que a prestação ou o objeto é suscetível de ser cumprido em parcelas ou partes, o pagamento por consignação somente extingue as parcelas depositadas em juízo.

De outra parte, a lei não determina o tempo do pagamento mediante depósito, desde que vencida a dívida, tratando-se de mera

---

[69] REsp 448602/SC, de 17/02/2003.

[70] REsp 448602/SC, de 17/02/2003; 267172/SP, de 18/11/2002; e 275979/SE, de 09/12/2002.

faculdade de que o devedor poderá se utilizar, não estando obrigado a consignar no dia imediato ao do vencimento da obrigação, bastando, para tanto, a existência da mora do credor (*mora creditoris*).

Mora do Credor e Mora do Devedor

A *mora creditoris* ocorre em especial quando a dívida é quesível e, cabendo ao credor o ônus de buscar o pagamento no domicílio do devedor (art. 327), ou determinar que outrem o faça em seu nome, torna-se inerte. Há, portanto, na espécie, a recusa omissiva da parte do credor em receber o devido.

O devedor, para liberar-se, consigna as quantias objeto das prestações devidas, e nessa hipótese, conforme ensina Antonio Carlos Marcato, *"não se exige, do devedor, a prova ou sequer a alegação da recusa, cabendo ao credor, caso impugne o depósito, o ônus de provar que foi buscar infrutiferamente o pagamento devido"*.[71]

A forma comissiva da recusa caracteriza-se pelo ato manifesto pelo credor em não desejar receber o devido.

Assim, como já ficou reconhecido pela jurisprudência, citando o escólio de Maria Helena Diniz, a propositura da ação de consignação em pagamento tem grande utilidade probatória na oferta e na recusa do credor, além do que o depósito judicial, por equivaler a pagamento, é a única forma de o devedor dele exonerar-se, acrescentando a douta jurista que "a simples oferta não libera o devedor da obrigação; exonera-o da falta".[72]

De acordo com o art. 892 do Código de Processo Civil, em se tratando de prestações periódicas, uma vez consignada a primeira, o devedor pode, sem mais formalidades, continuar a depositar, no mes-

---

[71] MARCATO, Antonio Carlos. *Ação de consignação em pagamento*. 2. ed. São Paulo: Revista dos Tribunais, 1987. p. 62.

[72] RJTJESP 128/73.

mo processo, as que se forem vencendo, desde que o faça até cinco dias contados da data do vencimento.

A possibilidade de efetuar o depósito de prestações futuras presume que a resistência à pretensão inicial se alargará às demais, não podendo o credor impugnar a recusa das prestações futuras, mas somente outras matérias de defesa, como a falta de liquidez do *quantum debeatur.*

Há casos em que a mora do devedor (*mora debitoris*) está devidamente configurada, mas não produziu conseqüências irreversíveis a ponto de atingir a prestação debitória, e está acompanhada da inércia do credor. O devedor pode promover a consignação, irrelevante o tempo passado. Mas, se decorrido longo tempo, a quantia deverá ser depositada com atualização monetária.

Jurisprudência

O Superior Tribunal de Justiça, por inúmeras vezes, se manifestou no exame da caracterização da mora do credor, suscitada em recursos especiais oriundos de ações de consignação em pagamento.

Tais decisões não deixam de anotar que a recusa injustificada do credor no recebimento do pagamento e na liberação do vínculo obrigacional gera conseqüências, em razão da caracterização da *mora creditoris*.

A exemplo, cite-se a decisão proferida no Recurso Especial 146650/SP, publicada no Diário da Justiça de 26/04/99, p. 130, e que é a seguinte:

> "Ação de consignação em pagamento – Insuficiência do depósito – Correção monetária – *Mora creditoris* – Inexigibilidade.
> A recusa injustificada do credor no recebimento do pagamento e na liberação do devedor do vínculo obrigacional caracteriza a *mora creditoris* que, por pressupor o dolo do credor, reduz a oneração do devedor, isentando-o de responsa-

> bilidade pela conservação da coisa, bem como liberando-o do pagamento dos juros e da pena convencional.
> Configurada a *mora creditoris* antes da efetivação do depósito consignatório, não pode ser o devedor responsabilizado pela desvalorização do crédito face ao transcurso do tempo, face a improcedência da ação consignatória pela insuficiência do valor depositado.
> Recurso especial conhecido e provido".
> Data da Decisão: 25/03/1999

Em outro caso, o mesmo Superior Tribunal deu relevância à ocorrência da *mora creditoris*, no julgamento do Recurso Especial 70887/GO, publicado no Diário da Justiça de 25/03/1996, p. 08552, com a seguinte ementa:

> "Consignação em pagamento – Prestações devidas ao SFH (Caixa Econômica Federal) – Purgação da mora – Tempestividade – Art. 974, Código Civil.
>
> 1. O devedor não está obrigado a consignar, podendo exercitar o direito sob o timbre da conveniência, 'enquanto o credor não haja diligenciado para se livrar das conseqüências do retardamento' ("*mora creditoris – mora accipiendi*").
> 2. A consignação pode abranger inclusive os casos de "*mora debitoris*", servindo para purgá-la. Divisada a mora do credor, irrelevante a questão temporal, pela permanência da recusa (REsp 1426/MS – Relator Ministro Athos Carneiro).
> 3. Recurso Improvido".
>
> Data da Decisão: 08/02/1996

Tratando-se de *mora debitoris*, o mesmo Superior Tribunal de Justiça foi chamado a pronunciar-se mediante Recursos Especiais que analisaram as conseqüências da caracterização da mora do devedor, conforme constam das ementas seguintes:

1. Recurso Especial 112987/SP (DJ 19/05/2003, p. 00232)
"JUROS MORATÓRIOS – RECEBIMENTO DE QUANTIA TIDA COMO INDEVIDA EM VIRTUDE DE ANULAÇÃO DE ESCRITURA DE CESSÃO DE DIREITOS DE MEAÇÃO – OBRIGAÇÃO DE RESTITUIR – MORA DA DEVEDORA CONFIGURADA DESDE O TRÂNSITO EM JULGADO DA SENTENÇA – ART. 962 DO CÓDIGO CIVIL DE 1916.
Nas obrigações provenientes de ato ilícito, considera-se o devedor em mora desde que o perpetrou (art. 962 do antigo Código Civil).
Hipótese em que a *mora debitoris* se caracterizou a partir do trânsito em julgado da sentença que decretou a nulidade da escritura de cessão de direitos de meação.
Recurso especial conhecido, em parte, e provido."
Data da Decisão: 06/03/2003

2. Recurso Especial 3272215/DF (DJ 04/03/2002, p. 265)
"ALIENAÇÃO FIDUCIÁRIA – MORA DO DEVEDOR – COMPROVAÇÃO – ANOTAÇÃO NO CERTIFICADO DE REGISTRO DO VEÍCULO – CLÁUSULAS ABUSIVAS – DEVOLUÇÃO DAS PRESTAÇÕES PAGAS.
A anotação da alienação fiduciária no Certificado de Registro do veículo faz-se imprescindível apenas para tutelar a boa-fé de terceiros adquirentes.
"*Mora debitoris*" demonstrada no caso pelo protesto do título, em que o Oficial do Cartório certifica haver intimado o devedor. Certidão merecedora de fé até prova em contrário. Intento de emendar a mora imcompatível com a defesa apresentada pela ré. Falta de impugnação pela recorrente ao fundamento expendido pelo decisório recorrido quanto à alegação de abusividade de determinadas cláusulas contratuais. No contrato de alienação fiduciária, o credor tem o direito de receber o valor do financiamento, o que pode obter mediante a venda extrajudicial do bem apreendido, tendo o devedor o direito de receber o saldo apurado, mas não a restituição integral do que pagou (REsp n. 250072/RJ)
Recurso especial não conhecido".
Data da Decisão: 18/09/2001

3. Recurso especial 388764/ES (DJ 27/06/1997, p. 16907)
"PROCESSUAL – EXECUÇÃO HIPOTECÁRIA – LEI 5.741/71, ART. 2 – AVISOS – NOTIFICAÇÃO – NECESSIDADE DE MAIS DE UM AVISO.
O art. 2 da lei contenta-se com a efetivação de um só aviso, para que se consume a notificação pré-monitoria, destinada a caracterização da '*mora debitoris*'".
Data da Decisão: 25/05/1994

4. Recurso Especial 1426/MS (DJ 02/04/1990, p. 02458)
"AÇÃO DE CONSIGNAÇÃO EM PAGAMENTO – CONTRATO DE FINANCIAMENTO RURAL – PRAZO PARA O AJUIZAMENTO DA CONSIGNATÓRIA – AMPLITUDE DA COGNIÇÃO NA CONSIGNATÓRIA – SUPERVENIÊNCIA DE RESOLUÇÃO DO BANCO CENTRAL, SUA APLICABILIDADE.
Tempo para consignar. Enquanto ao devedor é permitido pagar, admite-se requerer o depósito em consignação. A consignação pode abranger inclusive os casos de *mora debitoris*, pois servirá a purgá-la. Ocorrida a mora do credor, irrelevante a questão do tempo, pela permanência na recusa.
A existência da dívida e o *quantum* da dívida incluem-se na discussão e cognação na ação consignatória.
Lei aplicável. Discussão sobre a incidência, ao contrato de financiamento, de superveniente resolução do Bacen. Respeito ao ato jurídico perfeito e acabado. Contrato de execução instantânea, em que a extinção da obrigação, pelo pagamento, e regulada pela lei do tempo em que a obrigação foi contraída. Estando o fato jurígeno obrigacional no passado, a lei nova, ou ato normativo novo, não modifica as condições de adimplemento avençadas. Inexistência de dissídio com aresto apontado como paradigma.
Recurso especial 'não conhecido' ".
Data da Decisão – 13/03/1990

Hipóteses Legais de Consignação em Pagamento

A consignação só tem lugar nos estritos casos mencionados no art. 335. Diz a lei no inciso I do art. 335 que,

> *"Se o credor não puder, ou, sem justa causa, recusar receber o pagamento, ou dar quitação na devida forma",*

cabe a consignação. A norma contém uma inovação ao prever como causa de consignação a impossibilidade do credor em receber o pagamento, ao lado da recusa sem justo motivo de recebimento.

A consignação será, pois, um meio de elidir a negligência do credor ou de forçar sua resistência quando, por qualquer circunstância inimputável ao devedor, o pagamento ao credor não puder realizar-se. Ao devedor competirá provar que tem obrigação de fazer o pagamento e que, oferecido ao credor, este recusou o recebimento, cabendo-lhe em sua contestação alegar a inexistência da recusa ou mora em receber a quantia ou coisa devida ou ser justa a recusa, ou ainda que o depósito não se efetuou no prazo ou no lugar de pagamento convencionado, ou que o depósito não é integral, entre outras matérias que podem ser argüidas.

Destarte, se o credor alegar a justa recusa, importa em que se transfira ao devedor o ônus da prova, nos termos do art. 333, I, do Código de Processo Civil, tanto quanto da oferta como da recusa firme e robusta, para que se torne certa a *mora creditoris.*

Em se tratando de consignação de coisa fungível (art. 85), a consignação deverá ser do equivalente, do mesmo gênero, número e qualidade. Se de coisa infungível, a consignação deverá ser da própria coisa, não sendo obrigado o credor a receber coisa diversa da que lhe é devida, ainda que mais valiosa (art. 313).

O inciso II do art. 335 estabelece que

> *"Se o credor não for, nem mandar receber a coisa no lugar, tempo e condição devidos",*

admite-se a consignação em pagamento em favor do devedor, hipótese legal aplicável em caso de dívidas quesíveis (*quérables*) quando o credor, que não providencia o recebimento do valor, incorre em *mora accipiendi*, justificando a consignação do pagamento.

O credor não pode alterar unilateralmente o local de pagamento estabelecido no contrato, sendo certo que a dívida *quérable* não se transforma em *portable*, se o locatário procurar o credor para pagar o débito, devendo tal ato apenas significar o esforço do devedor em liquidar a obrigação.

No inciso III do art. 335, o legislador trouxe a hipótese autorizadora da consignação em pagamento

> *"Se o credor for incapaz de receber, for desconhecido, declarado ausente, ou residir em lugar incerto ou de acesso perigoso ou difícil".*

Estando, portanto, o credor impedido, ausente ou em lugar incerto ou de acesso perigoso e difícil, neste caso, para que o devedor se exonere dos efeitos da obrigação, socorre-o o depósito judicial.

As situações apontadas pelo legislador são obstativas do pagamento pelo devedor (ausência, residência em lugar incerto, incapacidade), sendo certo que *"o devedor não pode pagar, ou pelo menos não o pode fazer com segurança, por ignorar quem seja o credor. Essa ignorância (ou incerteza, ou dúvida) pode ser de diversos graus: a) absoluta, dizendo respeito à própria existência de algum credor já determinado* (unus ex publico)*; b) absoluta, quanto à identidade do credor, embora certa sua existência (e.g., o devedor sabe ter ocorrido sucessão no crédito, mas ignora a identidade do sucessor); c) relativa, emergente da pluralidade de pretendentes ao pagamento, que mutuamente se pretendem excluir; e d) relativa, resultante da configuração, imprecisa ou dúbia, do título, ou da representação que dele faz o devedor"*.[73]

Assim, segundo a doutrina mencionada, a hipótese do inciso III do art. 335 permite a ocorrência de dúvida subjetiva do devedor ante a diversidade de situações.

---

[73] FABRÍCIO, Adroaldo Furtado. Ação consignatória. *Ajuris*, Rio Grande do Sul, n.18, p. 6, set. 1992.

O inciso IV do mesmo artigo trata do caso de ocorrer dúvida sobre quem deva legitimamente receber o objeto do pagamento. A dúvida apontada pelo legislador não se refere exclusivamente a saber quem seja o credor, mas também sobre quem tem poder para receber e, embora não adjetivada, deve ser tal que produza incerteza no espírito do homem comum.

O inciso V do art. 335 preceitua quanto à pendência de litígio sobre o objeto do pagamento, para dar lugar à consignação. Nesse caso, preserva-se o devedor do risco de pagar mal e duas vezes. É que *"o litígio judicial entre duas ou mais pessoas sobre o objeto da prestação e, mesmo que na mente do devedor não paire dúvida sobre quem deva receber o pagamento, veda-lhe a lei pagar diretamente, a menos que assuma os riscos de, pagando mal, pagar duas vezes"*.[74]

A essa lição Álvaro Villaça Azevedo acrescenta ainda que *"a mesma medida judicial impõe-se quando o credor estiver sofrendo execução coletiva de seus bens (concurso de credores), posição em que os credores do credor do objeto a ser pago, pela insolvência deste, executam seu patrimônio, inclusive o crédito relativo a esse objeto. A recomendação legal da consignação, neste caso, tem em vista impedir que o credor receba o seu crédito e o desencaminhe, deixando de pagar a seus credores"*.[75]

Como estabelece o art. 344, o devedor de obrigação litigiosa exonerar-se-á mediante consignação, mas se pagar a qualquer dos pretendidos credores, tendo conhecimento do litígio, assumirá o risco do pagamento. Cabe ao devedor evitar o risco de pagar mal, pois não poderá saber, numa demanda, sobre a legitimidade das pretensões em conflito, razão pela qual o legislador o adverte de que se pagar a qualquer dos pretendidos credores assumirá o risco desse pagamento.

De outra parte, qualquer dos credores poderá requerer a consignação, pendendo litígio entre credores que se pretendem mutuamente excluir, no caso de se vencer a dívida. É o que se infere do art. 345, que permite ao credor excluir-se da disputa.

---

[74] RODRIGUES, Silvio. *Direito civil* – Parte geral das obrigações. 4. ed. São Paulo: Saraiva, 1973. v. 2, p. 214.

[75] AZEVEDO, Álvaro Villaça. *Op. cit.* p. 153.

Requisitos para a Validade do Pagamento

Para que a consignação tenha força de pagamento, será mister concorram, em relação às pessoas, ao objeto, modo e tempo, todos os requisitos sem os quais não é válido o pagamento (art. 336). Considerando-se que a consignação é meio excepcional de liberação do devedor, devem, pois, concorrer todos os requisitos citados pelo art. 336 para a validade do pagamento, sob pena de tornar-se um meio anômalo de liberar o devedor, em prejuízo do credor.

Quanto ao tempo a que alude o art. 336, deve-se entender que, mesmo tendo sido proposta a consignatória após a data do vencimento da prestação, se a mora é do credor, deste será a responsabilidade pelo não pagamento no tempo contratual, como se verifica da jurisprudência apoiada na doutrina. Além disso, ainda que seja o caso de *mora solvendi,* a consignação é admissível, desde que o credor não haja ainda extraído da *mora debitoris* os efeitos jurídicos que ela em tese comporta.

Assim, estando o devedor em *mora debitoris,* tendo ajuizado a ação fora do tempo convencionado, será cabível a consignação se o credor não puder alegar a inutilidade da prestação.[76]

O art. 337 estabelece que

> *"O depósito requerer-se-á no lugar do pagamento, cessando, tanto que se efetue, para o depositante, os juros da dívida e os riscos, salvo se for julgado improcedente".*

O credor, ao alegar a insuficiência do depósito, permite que o juiz examine a origem e natureza do débito ou de seu valor, entendendo a jurisprudência, como já se comentou, que é plenamente possível a revisão das cláusulas contratuais em sede de ação consignatória, eis que necessária à correlação entre o valor depositado e o efetivamente devido.

Como efeito de uma sentença procedente no caso de consignação em pagamento, cessam para o devedor os juros e os riscos decorrentes do inadimplemento.

---

[76] RJTJRGS 145/39.

Levantamento do Depósito pelo Devedor

Uma vez consignado o valor, enquanto o credor não declarar que aceita o depósito, ou não o impugnar, poderá o devedor requerer o levantamento, pagando as respectivas despesas, e subsistindo a obrigação para todas as conseqüências de direito (art. 338).

Nesse caso, havendo citação do credor e tendo sido a ação julgada improcedente, o devedor poderá levantar o depósito, ficando, no entanto, responsável pelas verbas da sucumbência. E, se houver renúncia do direito sobre que se funda a ação, o devedor pode levantar os depósitos realizados, satisfeitos os ônus da sucumbência decorrente da renúncia. Na hipótese do art. 339,

> *"Julgado procedente o depósito, o devedor já não poderá levantá-lo, embora o credor consinta, senão de acordo com os outros devedores e fiadores".*

Assim, não bastará o consentimento do credor, quando a consignação for julgada procedente, para autorizar que o devedor levante o depósito, pois deverão estar de acordo os demais devedores e fiadores, para que venha este levantar o depósito, já que tem interesse na solução do débito.

Em conseqüência, se o credor, depois de contestar a ação ou aceitar o depósito, concorda com o levantamento da importância pelo devedor, perderá a preferência e a garantia que lhe competiam com respeito à coisa consignada, ficando para logo desobrigados os co-devedores e fiadores que não tenham anuído.

Evidentemente que o consentimento do credor para que o devedor levante o depósito, com o qual pretendia exonerar-se da obrigação, não pode atingir os co-devedores e fiadores que não anuíram ao fato. Ao contrário, desobriga-os quanto às garantias e à preferência concedidas ao credor originariamente.

Consignação de Coisa Certa e Incerta

O art. 341 preceitua que

> *"Se a coisa devida for imóvel ou corpo certo que deva ser entregue no mesmo lugar onde está, poderá o devedor citar o credor para vir ou mandar recebê-la, sob pena de ser depositada".*

A novidade está em referir-se o legislador ao imóvel e não somente à coisa de corpo certo. O devedor, antes de requerer o depósito da coisa nas condições do art. 341, deve citar o credor para vir recebê-la onde se encontra.

Já o art. 342 estabelece que

> *"Se a escolha da coisa indeterminada competir ao credor, será ele citado para esse fim, sob cominação de perder o direito e de ser depositada a coisa que o devedor escolher; feita a escolha pelo devedor, proceder-se-á como no artigo antecedente".*

Trata-se de obrigação de dar coisa incerta, cujo título determina a escolha pelo credor. Nesse caso, deverá ele ser citado para escolher, sob pena de perder o direito e ser depositada a coisa que o devedor indicar. Sendo a escolha da coisa feita pelo devedor, este mandará citar o credor para vir ou mandar recebê-la, sob pena de ser depositada.

Despesas Incorridas na Consignação

O art. 343 estabelece que

> *"As despesas com o depósito, quando julgado procedente, correrão à conta do credor, e, no caso contrário, à conta do devedor".*

Trata-se da aplicação do princípio da sucumbência, pelo qual responde aquele que perder a demanda em favor do vencedor.

11

Do Pagamento com Sub-rogação

Conceito

Por pagamento com sub-rogação entende-se o que é realizado com alteração subjetiva da obrigação, em que o devedor é substituído por terceiro que satisfaz a obrigação em relação ao credor, nem por isso desaparecendo a figura do devedor. No pagamento com sub-rogação adimple-se, sem liberação, posto que o devedor continua a dever. O credor se retira da relação jurídica, deixando outro em seu lugar.

Para que isto ocorra, há necessidade de que o terceiro que adimplir a obrigação tenha direito e possa solvê-la, adquirindo, assim, não só o direito à prestação, como também os direitos a faculdades de natureza acessória, inerentes ao mesmo, como os juros e correção monetária, abrangendo a sub-rogação não só os direitos materiais, mas também os processuais.

De outra parte, acompanham a sub-rogação todos os vícios que envolvem o ato jurídico constitutivo do crédito sub-rogado, podendo o devedor opor as defesas que caberia fazer frente ao credor originário quanto à obrigação, tais como sua ilicitude e falsidade, não sendo privado o devedor até de provar sua liberação pelos meios existentes.

Na sub-rogação, portanto, o sub-rogado adquire o crédito com os seus acessórios, mas também com os seus inconvenientes, não ficando desobrigado de satisfazer as exigências legais para poder recebê-lo. Em outras palavras, não terá o sub-rogado contra o devedor mais direitos do que o primitivo credor.

Tal é a decisão do Superior Tribunal de Justiça no caso que trata de furto de veículo em estacionamento e de sub-rogação, necessária a demonstração da prova da sub-rogação, da ocorrência do furto nas dependências da ré e da não-recuperação do veículo, não bastando apenas a prova do pagamento da dívida (art. 985, III, do anterior Código Civil – hoje 346, III). Tendo sido reconhecida a ausência de qualquer dos requisitos, impôs-se a improcedência do pedido, por não ter o autor provado fato constitutivo do seu direito (art. 333, I, do Código de Processo Civil).[77]

Da Sub-rogação Legal

A alteração subjetiva que se dá na sub-rogação pode ser legal ou convencional.

A sub-rogação opera-se, de pleno direito, em favor (art. 346):

> *"I. do credor que paga a dívida do devedor comum;*
> *II. do adquirente do imóvel hipotecado, que paga a credor hipotecário, bem como do terceiro que efetiva o pagamento para não ser privado de direito sobre imóvel;*
> *III. do terceiro interessado, que paga a dívida pela qual era ou podia ser obrigado, no todo ou em parte".*

[77] REsp 174353/RJ, DJ 17/12/1999, p. 00374.

As hipóteses do art. 346 cuidam de sub-rogação legal, ou seja, da substituição da parte que, de certa forma, estaria obrigada ou teria interesse na obrigação.

No caso da sub-rogação dar-se entre devedores comuns, sendo que um deles paga a dívida dos demais (inciso I), o devedor que paga por inteiro a obrigação sub-roga-se no direito de receber dos demais a quota-parte, como estabelece o art. 283, cujo texto garante ao devedor que satisfez a dívida por inteiro o direito a exigir de cada um dos co-devedores a sua quota, dividindo-se igualmente por todos a do insolvente, se o houver, presumindo-se iguais, no débito, as partes de todos os co-devedores.

No caso do terceiro interessado que paga a dívida pela qual era ou podia ser obrigado no todo ou em parte, a exemplo do co-avalista ou de um dos fiadores (Decreto-Lei 911, de 01/10/1969), ou de qualquer outro que tenha a qualidade de terceiro interessado em extinguir a dívida, em decorrência de ser coobrigado, como o devedor de obrigação indivisível, terá ação contra os demais pela proporção correspondente ao rateio geral, dada a sub-rogação legal na espécie, ante a explícita regra do art. 346, III.

Caso é também o da seguradora que paga o prejuízo resultante do risco assumido, ficando sub-rogada na titularidade do mesmo direito de crédito que pertencia ao segurado contra o causador do dano, já que pela sub-rogação transfere-se ao sub-rogado a titularidade do crédito.

Da mesma forma, o comprador do imóvel cuja penhora foi ocultada pelo alienante tem direito de pagar, como terceiro, a dívida exigida judicialmente para liberar o imóvel, sub-rogando-se em todos os direitos do credor exeqüente, para o efeito de exigir do executado alienante o total pago. Não há necessidade do consentimento da parte substituída para que o sub-rogado possa intervir em processo judicial. Exige-se, na espécie, tão-somente a conjunção da vontade do sub-rogado de intervir no processo e da parte contrária à substituída de permitir tal substituição.[78]

A hipótese do inciso III do art. 346 exige, pois, que o terceiro interessado seja coobrigado da parte de quem paga e tenha interesse

[78] REsp 280993/SP, DJ 31/03/2003.

em extinguir a obrigação, mediante o pagamento. *"O pagamento é essencial, porque dele é que deriva a própria sub-rogação. Não importa tenha sido voluntariamente ou em virtude de execução. De qualquer forma, em havendo o pagamento, necessariamente desembolsou seu dinheiro e deve ter direito a reavê-lo, por não ser justo que o devedor venha a enriquecer à sua custa".* [79]

Da Sub-rogação Convencional

Diferentemente do que consta do art. 346, a sub-rogação é convencional quando não há para o terceiro qualquer obrigação em relação ao adimplemento, previsto no art. 347, ou seja:

> *"I. quando o credor recebe o pagamento de terceiro e expressamente lhe transfere todos os seus direitos;*
>
> *II. quando terceira pessoa empresta ao devedor a quantia precisa para solver a dívida, sob a condição expressa de ficar o mutuante sub-rogado nos direitos do credor satisfeito".*

As hipóteses citadas criam uma qualidade que legitima os sub-rogados de forma superveniente: já que não se trata de credores originários, como na sub-rogação legal, cria-se para estes o direito de ação para receber o montante do crédito assumido.

Se a obrigação for divisível e houver mais de um credor, nos termos do art. 257, que presume dividida em tantas obrigações iguais e distintas quantos os credores ou devedores, cada um poderá agir por si mesmo, relativamente à sua própria parte, pois o cumprimento do devedor é em relação a cada credor, de modo que o pagamento a um não aproveita nem prejudica os demais.

Ainda na hipótese do inciso I do art. 347, ou seja,

[79] SANTOS, João Manoel de Carvalho. *Código Civil brasileiro interpretado*. 4. ed. Rio de Janeiro: Freitas Bastos, 1952. p. 77-79.

> *"Quando o credor recebe o pagamento de terceiro e expressamente lhe transfere todos os seus direitos",*

vigorará o disposto quanto à cessão de crédito (art. 348), o que traz como conseqüência que a sub-rogação convencional, para valer em relação a terceiros, deve ser celebrada mediante instrumento público ou particular, revestido das solenidades do art. 288.

No caso do inciso II do art. 347, *"há sub-rogação do devedor, que, pagando ao credor, com dinheiro de outrem, transfere para este os direitos do primeiro".*[80]

Transferência de Direitos, Ações, Privilégios e Garantias. Jurisprudência

O art. 349 preceitua que

> *"A sub-rogação transfere ao novo credor todos os direitos, ações, privilégios e garantias do primitivo, em relação à dívida, contra o devedor principal e os fiadores".*

A propósito, a jurisprudência tem decidido que a seguradora que indeniza os danos causados ao segurado se sub-roga, inclusive, no direito ao uso do foro especial do art. 100, parágrafo único, do Código de Processo Civil, sendo o foro especial uma decorrência da amplitude da sub-rogação; o novo proprietário de imóvel rural subroga-se em todos os direitos do proprietário original, inclusive no direito a eventual indenização devida pelo Estado, pouco importando que a alienação do bem tenha se dado após ocorrência de desapossamento indireto pelo Poder Público. Ou ainda, no mesmo caso de seguro, há

---

[80] BEVILÁQUA, Clóvis. *Código Civil comentado.* 10. ed. Rio de Janeiro: Francisco Alves, 1955. v. 4, p. 117.

sub-rogação dos direitos do segurado na pessoa daquele que efetuou o pagamento do prejuízo decorrente do sinistro, pois a isso se obrigara.[81]

Ainda é da jurisprudência o entendimento de que, nos seguros em contrato de transporte de mercadorias, havendo perda da mercadoria em decorrência de acidente, a seguradora que paga o sinistro tem presumida a culpa do transportador, cabendo a este provar que os danos decorreram de vício da mercadoria, força maior ou caso fortuito para se isentar de culpa na ação regressiva proposta pela seguradora, como sub-rogada do crédito. Em contrapartida, se houve renúncia ao direito, mediante acordo entre o segurado e a outra parte, não há como dizê-lo transferido à seguradora, vale dizer, em tal hipótese, não se perfaz a sub-rogação, que legitimaria a pretensão de reembolso.[82]

Assim também em ação de regresso da seguradora (Súmula 188 do Supremo Tribunal Federal e Súmula 130 do Superior Tribunal de Justiça), a *"empresa responde, perante o cliente, pela reparação de dano ou furto de veículo ocorridos em seu estacionamento"*, sendo que o art. 349 do Código Civil atual não agasalha restrição alguma ao direito da seguradora, sub-rogada, a ingressar com ação de regresso contra a empresa que responde pelo estacionamento.[83]

Efeitos da Sub-rogação Legal e Convencional. Diferenças com o Instituto da Cessão de Direitos

O art. 350 estabelece que

> *"Na sub-rogação legal o sub-rogado não poderá exercer os direitos e as ações do credor, senão até à soma que tiver desembolsado para desobrigar o devedor".*

[81] JTARS 72/203, REsp 442360/SP, REsp 132193/MG, REsp 149528/SP, REsp 191759/MG, AGA 263527, DJ 21/08/2000.

[82] REsp 28118/SP, RSTJ 63/293, REsp 76952, RSTJ 85/223.

[83] REsp 177975/SP.

A sub-rogação tem similaridade com o instituto da cessão somente quanto à alteração subjetiva, pois, enquanto nesta o cessionário pode adquirir a título gratuito ou oneroso, na sub-rogação deve haver o pagamento, e o sub-rogado somente adquirirá o direito até a soma que tiver desembolsado para desobrigar o devedor.

"Nos termos do art. 989 do Código Civil [atual art. 350], o sub-rogado não poderá exercer os direitos e ações do credor senão até a soma que tiver realmente desembolsado. O devedor é obrigado para com o credor sub-rogado somente pelo que este pagou, não podendo ele pretender direitos mais amplos do que os do sub-rogado com quantia que realmente não desembolsou, precisamente porque seu conceito exclui qualquer idéia de especulação, que é própria da cessão".[84]

A sub-rogação legal não se confunde com a sub-rogação convencional. Na sub-rogação legal (art. 346) o sub-rogado só poderá exercer os direitos e ações do credor, até a soma que tiver desembolsado para desobrigar o devedor. Assim, o avalista que, sub-rogando-se no crédito de entidade fiduciária, demanda contra o devedor, pretendendo o que desembolsou junto a este e as diversas verbas estipuladas no contrato a favor da entidade fiduciária para o caso de inadimplemento contratual, excede em suas pretensões, pois a sub-rogação que se opera a favor do avalista é a prevista no art. 350.

Já na sub-rogação convencional, o credor, ao receber o pagamento de terceiro, expressamente lhe transfere todos os seus direitos (art. 347, I), operando a cessão do contrato em toda a sua extensão.

Preferência do Credor Originário. Hipótese Legal

No art. 351, tem-se que

> *"O credor originário, só em parte reembolsado, terá preferência ao sub-rogado, na cobrança da dívida restante, se os*

[84] RJTJESP 56/96.

> *bens do devedor não chegarem para saldar inteiramente o que a um e outro dever".*

A lei salvaguarda o credor originário do próprio sub-rogado, quando o pagamento foi em parte do débito, concedendo-lhe preferência no caso em que os bens do devedor não logrem saldar inteiramente o que deve a um e outro.

12

Da Imputação do Pagamento

Conceito

O conceito de imputação no direito civil consiste em atribuir a certas coisas o destino aplicável. A imputação do pagamento permite ao devedor escolher qual débito quer extinguir mediante o pagamento quando tem vários débitos líquidos e vencidos de mesma natureza com um mesmo credor.

Tanto é certo que o art. 352 dispõe que

> "*A pessoa obrigada por dois ou mais débitos da mesma natureza, a um só credor, tem o direito de indicar a qual deles oferece pagamento, se todos forem líquidos e vencidos*".

O devedor que comprova, a exemplo, por remessas bancárias a quitação de títulos, devidamente identificados no depósito bancário, obriga o credor a dar-lhe quitação quanto a tais títulos, mesmo que tenha o devedor outros em aberto.

Em contrapartida, se o devedor não prova a quitação específica dos títulos, quando o mesmo tem outros débitos com o credor, não se verifica a imputação do pagamento, no propósito de extinguir o escolhido em primeiro lugar.

E se o credor de vários débitos, ao receber um deles, dá quitação específica a um dos títulos do devedor, não poderá imputar o pagamento a seu alvedrio a outros débitos não identificados na quitação.[85]

No art. 353, tem-se que

> "*Não tendo o devedor declarado em qual das dívidas líquidas e vencidas quer imputar o pagamento, se aceitar a quitação de uma delas, não terá direito a reclamar contra a imputação feita pelo credor, salvo provando haver ele cometido violência ou dolo*".

Quer dizer que a lei outorga ao devedor o direito de atribuir o pagamento a determinado débito.

Não declarando o devedor em qual das dívidas quer imputar o pagamento e aceitando a quitação de qualquer delas, não terá direito a reclamar contra a imputação feita pelo credor, a menos que prove que o credor agiu com dolo ou violência, viciando, dessa forma, a imputação.

A imputação do pagamento realizada pelo credor, portanto, somente poderá ocorrer na hipótese de não ter o devedor declarado qual das dívidas deseja extinguir.

A imputação do pagamento, como regra geral, é conseqüência da vontade, em especial do devedor. Na falta dela, a imputação é legal, determinada na forma dos arts. 354 e 355.

A regra geral permite estipulação em contrário para alterar o princípio da predominância da vontade do devedor.

---

[85] TJRGS, Apelação Cível 70000086801 e Apelação Cível 599284221, de 22/09/1999, JTACSP 5/68.

Da Imputação sobre Juros e Despesas

O art. 354 estabelece que, salvo estipulação em contrário, ou se o credor passar a quitação por conta do capital,

> *"Havendo capital e juros, o pagamento imputar-se-á primeiro nos juros vencidos, e depois no capital".*

Ou, ainda, havendo juros no pagamento imputado pelo devedor e não tendo o credor passado quitação sobre o capital e também não havendo estipulação em contrário, o pagamento aplicar-se-á primeiramente para quitar os juros vencidos e depois o capital.

O texto do art. 354, dessa forma, comporta uma exceção, porém não a única no que se refere à quitação dos juros. Também se admite quanto às despesas decorrentes da cobrança do crédito pelo credor, que devem ter preferência sobre o capital e juros, aceitando seja o pagamento imputado primeiramente nessas despesas, embora seja omissa a lei a esse respeito.

E, no art. 355,

> *"Se o devedor não fizer a indicação do art. 352, e a quitação for omissa quanto à imputação, esta se fará nas dívidas líquidas e vencidas em primeiro lugar. Se as dívidas forem todas líquidas e vencidas ao mesmo tempo, a imputação far-se-á na mais onerosa".*

Verifica-se, pois, que o legislador quis dar ao devedor a oportunidade também de ter liquidada a dívida mais antiga para diminuir as conseqüências do inadimplemento, ou seja, os juros decorrentes do vencimento da dívida, ou a mais onerosa, retirando do credor opção de imputação do pagamento.

13

Da Dação em Pagamento

Conceito

A dação em pagamento consiste no recebimento pelo credor de um objeto diferente em substituição da prestação que lhe era devida, como estabelece o art. 356, ao estipular que

> "*O credor pode consentir em receber prestação diversa da que lhe é devida*".

A dação em pagamento não é, portanto, um direito do devedor, pois somente se efetiva com o consentimento do credor, até porque este não está obrigado a receber como pagamento prestação diversa da que lhe é devida, ainda que mais valiosa (art. 313).

De acordo com a doutrina, "*a dação em pagamento, diferentemente da compra e venda, não se consuma senão com a tra-*

dição ou com a transferência da propriedade da coisa dada em pagamento".[86]

Se o devedor, mediante o consentimento do credor em receber coisa diversa da pactuada originariamente para liberá-lo da obrigação, entrega a coisa ao credor ou a seu preposto, e, por motivos alheios à vontade do devedor, a coisa não chega às mãos do credor, a dação em pagamento se consuma pela própria tradição.

É que o devedor que dá a coisa estabelece a dação em pagamento, mediante o simples ato de transferência do domínio da coisa dada no ato da tradição, se for coisa móvel, e no da transcrição, se imóvel.

O art. 357 estabelece que

> *"Determinado o preço da coisa dada em pagamento, as relações entre as partes regular-se-ão pelas normas do contrato de compra e venda".*

E, no art. 358,

> *"Se for título de crédito a coisa dada em pagamento, a transferência importará em cessão".*

A dação em pagamento está situada entre os modos de adimplemento da obrigação, representando, portanto, fato extintivo da obrigação. As relações entre as partes, de acordo com o que consta do art. 357, deverão regular-se pelas normas do contrato de compra e venda, uma vez determinado o preço da coisa dada em pagamento. Assim, portanto, como lembra Clóvis Beviláqua, *"fixado o preço da coisa, a dação em pagamento é uma compra e venda"*[87] e, se o título for de crédito, a coisa dada em pagamento importará em cessão.

---

[86] CHAVES, Antônio. *Tratado de direito civil* – Obrigações. São Paulo: Revista dos Tribunais, 1985. p. 270.

[87] BEVILÁQUA, Clóvis. *Código Civil comentado*. 10. ed. Rio de Janeiro: Francisco Alves, 1955. v. 4. p. 151.

Evicção da Coisa

No art. 359, tem-se que

> "*Se o credor for evicto da coisa recebida em pagamento, restabelecer-se-á a obrigação primitiva, ficando sem efeito a quitação dada, ressalvados os direitos de terceiros*".

A evicção é uma espécie de garantia que recai sobre o alienante; nasce diretamente do contrato e independe de estipulação, sendo excluída somente se houver cláusula expressa.

Nos contratos onerosos, como é o da dação em pagamento, cujas relações são reguladas pelas normas do contrato de compra e venda, uma vez determinado o preço da coisa (art. 357) o alienante é obrigado a responder pela evicção (art. 447), que se dá quando perde a coisa em razão de decisão judicial.

Assim, se o credor da dação em pagamento for evicto da coisa recebida em pagamento, determina a lei o restabelecimento da obrigação primitiva, ficando sem efeito a quitação dada, ressalvados os direitos de terceiros.

14

Da Novação

Conceito

Dá-se a novação quando a dívida originária desaparece pela constituição de outra que a substitui. Para que se reconheça o instituto da novação, devem estar presentes os seguintes elementos: a) acordo entre as partes; b) existência jurídica de uma obrigação válida anterior; c) constituição de nova e válida obrigação; d) ânimo de novar, expresso ou claramente deduzido dos termos da nova obrigação.

Espécies e Condições para a Novação

O art. 360, ao estabelecer quando se dá a novação, indica três espécies, a saber: subjetiva, objetiva e mista.

Diz o texto legal que se dá a novação:

> "I. *quando o devedor contrai com o credor nova dívida para extinguir e substituir a anterior;*
> II. *quando novo devedor sucede ao antigo, ficando este quite com o credor;*
> III. *quando, em virtude de obrigação nova, outro credor é substituído ao antigo, ficando o devedor quite com este*".

O inciso I do art. 360 estabelece a novação objetiva porque se dá quando o devedor contrai com o credor nova dívida para extinguir e substituir a anterior. É imprescindível que haja inequívoco ânimo de novar, com assunção da nova dívida, ficando a anterior extinta. A nova dívida deve ser incompatível com a primeira, podendo haver mudança do objeto, da causa ou do título da obrigação, razão de ser ela objetiva, pois há ingresso de um novo elemento no negócio.

Em outra hipótese legal, a do inciso II do art. 360, ou seja, quando novo devedor sucede ao antigo, ficando este quite com o credor, trata-se de novação subjetiva, pois há substituição do devedor. Também nesse caso o novo devedor deve ter presente o *animus novandi*. Ensina a doutrina que a intenção de novar deve manifestar-se de modo certo e inequívoco, sem que se exijam termos sacramentais, e tampouco deve ser sempre expressa, podendo ser provada por meio de um complexo de circunstâncias que leve à certeza do imprescindível requisito.

Entende a jurisprudência, a propósito do inciso II do art. 360, que "*quando novo devedor se obriga com o credor por indicação do primeiro obrigado, opera-se uma das modalidades de novação (a delegação), sendo patente a existência de relação jurídica negocial entre as partes e inadmissível a denunciação da lide ao antigo devedor, que está exonerado da obrigação*".[88]

O inciso III do art. 360 trata de novação mista, que ocorre quando, em virtude de obrigação nova, outro credor é substituído ao antigo, ficando o devedor quite com este. Há alteração quanto à dívida e quanto ao credor.

---

[88] RT 624/93.

Necessidade de Ânimo para Novar

O que se deve ter sempre presente é que a novação só se caracteriza havendo *animus novandi*, de forma que a obrigação anterior se extinga, gerando nova obrigação. E, embora a lei não permita presunção de novação, a nova obrigação pode resultar implícita ou tacitamente dos termos do ato ou dos fatos e circunstâncias que norteiam a convenção das partes.

Tal é o caso do credor e devedor que substituem os títulos de uma obrigação por outros títulos, devolvendo o credor ao devedor os títulos anteriores, extinguindo, portanto, a primeira obrigação, substituída pela nova. Trata-se, no caso, de novação objetiva, em que a mera entrega dos títulos anteriores ao devedor determina o entendimento da existência de novação de dívida, já que uma foi substancialmente substituída por outra, com manifesta vontade das partes (a do credor que entrega os títulos anteriores e a do devedor que emite novos títulos). Caso o título da primeira obrigação tivesse ficado em poder do credor, não se poderia entender que houve novação, pela falta do *animus novandi*.

No art. 362, tem-se que

> *"A novação por substituição do devedor pode ser efetuada independentemente de consentimento deste".*

Assim, no art. 363,

> *"Se o novo devedor for insolvente, não tem o credor, que o aceitou, ação regressiva contra o primeiro, salvo se este obteve por má-fé a substituição".*

A segunda parte do art. 363 põe em relevância o princípio da boa-fé, para resguardar o credor que aceitou a substituição do devedor, se agiu o anterior com má-fé, ocultando a insolvência do novo devedor. Nesse caso, o credor tem ação regressiva contra o antigo devedor.

Ausência das Condições Legais para Novação

Na ausência dos requisitos contemplados no art. 360, a conseqüência é que a segunda obrigação confirma simplesmente a primeira, como está expresso no art. 361, que estabelece que a nova modalidade de pagamento, em vez de extinguir a obrigação, imprime-lhe um esforço, como ensina Carvalho Santos, a saber: *"A obrigação confirma, simplesmente, a primeira. Vale dizer: confirma apenas a obrigação anterior, sem nová-la. É o que sucede, por exemplo, nos casos de reforma do título, da prorrogação do prazo para o pagamento, da exigência de novas garantias etc."*[89]

A lei não presume a novação, entendendo que, não havendo ânimo de novar, a segunda obrigação confirma simplesmente a primeira.

Desse modo, não ocorre novação quando se dá parcelamento de dívida, ou quando se verificarem acréscimos ou outras alterações secundárias na dívida, tais como: estipulação de juros; exclusão de garantia; alteração quanto ao modo de pagamento da dívida; aposição de um termo; mera alteração de cláusula contratual inserta em contrato de locação, quer quanto aos índices ou periodicidade de reajustes, quer quanto à majoração dos locativos; substituição de letra de câmbio por outra; simples redução no montante da dívida, pois nesses casos não se está contraindo nova dívida para extinguir e substituir a anterior, não havendo diversidade substancial entre as duas.

Extinção dos Acessórios e Garantias

O art. 364 estabelece que

> *"A novação extingue os acessórios e garantias da dívida, sempre que não houver estipulação em contrário. Não apro-*

[89] SANTOS, João Manoel de Carvalho. *Código Civil brasileiro interpretado.* 4. ed. Rio de Janeiro: Freitas Bastos, 1955. v. 13, p. 179.

> *veitará, contudo, ao credor ressalvar o penhor, a hipoteca ou a anticrese, se os bens dados em garantia pertencerem a terceiro que não foi parte na novação".*

Se é certo que pela novação extingue-se a obrigação para dar início a uma nova, importando para o credor a renúncia do crédito originário, é certo também que com a novação extinguem-se os acessórios e garantias da dívida anterior, desde que não haja estipulação em contrário. É que, uma vez desaparecendo a obrigação, que esteja garantida por hipoteca, penhor ou anticrese, desaparecem tais garantias.

Todavia, a lei permite às partes disporem em contrário, ou seja, estipular a manutenção, por exemplo, de garantia hipotecária, o que não irá desnaturar a ocorrência da novação.

Mas, no caso de haver estipulação em contrário, se os bens dados em garantia pertencerem a terceiro que não faz parte da novação, não poderá o credor pretender ressalvar o penhor, a hipoteca ou a anticrese sobre estes realizados, como se infere do texto legal.

Quando a obrigação tiver devedores solidários, operada a novação entre o credor e um dos devedores solidários (art. 365),

> *"somente sobre os bens do que contrair a nova obrigação subsistem as preferências e garantias do crédito novado. Os outros devedores solidários ficam por esse fato exonerados".*

A doutrina denomina tal fato de novação subjetiva, por ter sido efetivada somente entre o credor e um dos devedores solidários, ficando, pois, certo que somente sobre os bens do que contraiu a nova dívida subsistirão as preferências e garantias, exonerando-se os demais.

No caso de ser realizada novação, sem que seja obtido o consenso do fiador, este último ficará exonerado da novação, de acordo com o art. 366. É que a fiança envolve responsabilidade por ato de outrem e, assim, a que foi contratada por uma dívida não pode ser ampliada por uma novação dela, interpretando-se a fiança no sentido mais favorável ao fiador.

O que se há de perquirir na hipótese do art. 366, primeiramente, é se a nova contratação tem eficácia de novação, para depois dar aplicação ao texto legal de exoneração do fiador. Em caso positivo, evidentemente, pelo princípio que novo crédito se estabelece, com extinção do anterior, a nova contratação importará em exoneração do fiador.

Impossibilidade de Novar sobre Obrigações Nulas e Extintas

O art. 367 estabelece que

> *"não podem ser objeto de novação obrigações nulas ou extintas"*,

com ressalva quanto às obrigações simplesmente anuláveis.

As obrigações nulas ou extintas não podem ser objeto de novação pelo princípio de que, para que haja novação, deve haver dívida anterior. Se a dívida anterior já está extinta, não se poderá falar em novação. O mesmo se for ela nula (art. 166). Porém, se for anulável, ou seja, estiver entre os negócios jurídicos declarados no art. 171, e considerando-se que o negócio jurídico anulável pode ser confirmado pelas partes, salvo direito de terceiros (art. 172), evidentemente subsistirá a novação.

15

Da Compensação

Conceito

No art. 368, tem-se que

> *"Se duas pessoas forem ao mesmo tempo credor e devedor uma da outra, as duas obrigações extinguem-se, até onde se compensarem".*

Quer dizer que a compensação extingue as obrigações recíprocas, até a concorrência de seus respectivos valores, devendo para sua ocorrência existir obrigações recíprocas.

Dessa forma, a compensação opera independentemente da declaração de vontade de qualquer das partes. É um meio de defesa a ser oposto, tal qual o pagamento e a prescrição. Os seus efeitos retroagem à data em que os créditos se tornaram compensáveis.

Espécies e Critérios para Compensação

A compensação pode ter origem na lei, sendo conhecida como legal (art. 368). Pode ainda ter origem no contrato (compensação voluntária) ou decorrer de ação judicial (compensação judicial).

De acordo com o art. 368, só pode ocorrer compensação entre dívidas líquidas, vencidas e de coisas fungíveis (art. 369). A dívida pode ser controvertida, como é o caso de haver a verificação do crédito exigido cálculo, o que não quer dizer, todavia, que será ilíquida e assim não permita a compensação. A dívida líquida, como definia o Código Civil anterior, deve-se verificar quanto à sua existência e ao seu objeto. Esses fatores é que dão liquidez à dívida, para o fim de ser considerada a obrigação certa.

Em relação ao devedor, este somente poderá compensar com o credor o que este lhe dever. A exceção que se estabelece no texto do art. 371 refere-se ao fiador que

> *"pode compensar sua dívida com a de seu credor ao afiançado".*

Tal se dá, por exemplo, de compensação pretendida pelo fiador solicitando abatimento do crédito da quantia depositada a título de caução pelo afiançado.

De outra parte, as dívidas em si podem resultar de diferentes causas, o que não impede a compensação. Todavia, ainda que se admita a compensação, independentemente das causas, a lei impede-a nos seguintes casos, art. 373:

> *"I. se provier de esbulho, furto ou roubo;*
> *II. se uma se originar de comodato, depósito ou alimentos;*
> *III. se uma for de coisa não suscetível de penhora".*

No caso do inciso I, que trata de esbulho, furto ou roubo, está claro que em se tratando de atos ilícitos não podem ser agasalhados pela legislação.

No caso da dívida originar-se de depósito (art. 627), o entendimento que se tem é o de que a proibição de se operar compensação somente se dá quando o produto a restituir for a própria coisa depositada.

Assim, considerando-se que cabe ao depositário, por meio do contrato de depósito, guardar a coisa até que o depositante a reclame, quando deverá restituí-la com todos os frutos e acrescidos (art. 629), a referida coisa móvel não poderá ser objeto de compensação, dada a natureza com que o depositário se encontra de posse da coisa. Não se pode reter o que não se tem.

Em se tratando de alimentos, da mesma forma, o que se vê é o princípio de que os dispêndios com alimentos não são restituíveis. *"O que se pagou por causa de alimentos não pode ser repetido; é esse um dos favores reconhecidos à natureza da causa de prestar"*.[90]

Todavia, a jurisprudência observa que o princípio da não compensação da dívida alimentar deve ser aplicado ponderadamente, para que dele não resulte eventual enriquecimento sem causa da parte do beneficiário, como ocorre se o alimentante paga alimentos a título provisório; poderá compensar tais pagamentos sobre a dívida.[91]

No caso do inciso III do art. 373, ou seja,

> *"Se uma for de coisa não suscetível de penhora"*,

a lei não permite a compensação, porque não poderá haver cobrança judicial. É o exemplo do dinheiro público proveniente de arrecadação de impostos e taxas, que tem natureza impenhorável. Assim, uma vez entregue esse dinheiro a um preposto ou mandatário do poder público, com o fim de efetuar pagamento por conta do Tesouro, o depositário da importância não pode compensar, retendo-a, em decorrência de crédito que tenha com o poder público.

---

[90] MIRANDA, Francisco Cavalcanti Pontes de. *Tratado de direito privado*. 2. ed. Rio de Janeiro: Borsoi, 1958. t. 9, p. 249, § 1.009, n. 5.

[91] Bol. AASP de 30/10/1991, p. 278, n. 1.714.

Outros Critérios

No caso de compensação de dívida tendo como objeto das duas prestações coisas fungíveis, embora sejam do mesmo gênero, não se compensarão, quando se verificar que (art. 370)

> *"diferem na qualidade, quando especificada no contrato".*

É que, como bem define a lei, são fungíveis os bens móveis que podem substituir-se por outros da mesma espécie, qualidade e quantidade (art. 85), a exemplo do dinheiro.

Dessa forma, se a dívida for entre coisas fungíveis, ainda que sejam os bens do mesmo gênero, em caso de diferenciarem-se na qualidade, se assim o contrato dispuser, não poderão ser objeto de compensação.

De outra parte, ainda que o credor espere por solução amigável para a obtenção de seu crédito no art. 372,

> *"Os prazos de favor, embora consagrados pelo uso geral, não obstam a compensação".*

É que o credor não pode impedir a compensação, sustentando-se no favor de ter dilatado o prazo para o recebimento, isto porque tal ato encontra-se na esfera de discricionariedade do devedor, não tendo força para impedir a compensação.

Segundo o art. 375,

> *"Não haverá compensação quando as partes, por mútuo acordo, a excluírem, ou no caso de renúncia prévia de uma delas".*

A compensação legal pode dar-se independentemente da vontade das partes. Mas as partes podem excluí-la quando ela for convencional, sendo, nesse caso, ato bilateral, pois dele participam credor e devedor. Já quando ocorre a renúncia de apenas uma das partes quanto ao direito de compensação, o ato é unilateral.

Em caso de um terceiro obrigar-se por dívida do devedor junto ao credor, não poderá este terceiro compensar tal dívida com a que o credor dever ao terceiro (art. 376). É que as dívidas devem ser recíprocas para que ocorra a compensação; assim, o terceiro não poderá pretender o pagamento mediante compensação de eventual crédito que o devedor tiver com o credor.

No caso de o credor transferir seu crédito e notificar o devedor sobre a cessão realizada a terceiro, e silenciando este sobre a cessão, não poderá o devedor opor a cessionário a compensação, direito este que tinha em relação ao credor. Mas, se o credor não lhe comunica a cessão, o devedor poderá opor ao terceiro a compensação a que faria jus contra o cedente (art. 377).

A notificação ao devedor sobre a cessão de crédito é fator principal para se ter um ou outro efeito em caso de compensação.

O art. 378 estabelece que

> *"Quando as duas dívidas não são pagáveis no mesmo lugar, não se podem compensar sem dedução das despesas necessárias à operação"*

e, pelo art. 379,

> *"Sendo a mesma pessoa obrigada por várias dívidas compensáveis, serão observadas, no compensá-las, as regras estabelecidas quanto à imputação do pagamento"*.

A compensação não pode prejudicar direito de terceiro (art.

380)

> *"Não se admite a compensação em prejuízo de direito de terceiro. O devedor que se torne credor do seu credor, depois de penhorado o crédito deste, não pode opor ao exeqüente a compensação, de que contra o próprio credor disporia"* .

Tal é o caso de um credor ser condenado a pagar determinada quantia em ação judicial e, em decorrência de outra ação ser credor em relação à mesma parte de outro valor e pretender a compensação das dívidas. Ocorre que na primeira ação há sobre o débito honorários de sucumbência, devidos ao patrono da ré, ou seja, há direitos de terceiros sobre o valor discutido. Desse modo, não se admitirá a compensação em prejuízo de terceiro, não podendo o valor tido como débito por honorários da sucumbência se compensar com crédito de outra natureza, sem importar em prejuízo de terceiro.

A compensação judicial pode ocorrer nos casos em que o devedor apresente reconvenção, dizendo-se credor do autor da ação. Caberá ao juiz, dependendo da sentença de procedência na reconvenção, estabelecer a compensação do crédito do devedor.

O Superior Tribunal de Justiça decidiu, em ação que discute a inadimplência de promitente-comprador de imóvel, pela devolução das importâncias pagas mediante compensação com o pagamento pelo comprador inadimplente de valor correspondente à fruição do bem (REsp 433222, de 22/04/2003).

O art. 374, que trata de compensação, no que concerne às dívidas fiscais e parafiscais, foi revogado pela Lei Federal 10.677, de 22 de maio de 2003, que adotou a Medida Provisória 104/2003. A justificativa constante da Medida Provisória foi a de que matéria tributária somente pode ser tratada em legislação complementar, o que não é o caso do Código Civil.

Estipula a Constituição que cabe à lei complementar estabelecer normas gerais sobre matéria tributária. O Código Civil rege as relações de direito privado e não de direito público, como é o caso do direito tributário.[92]

[92] Senado Federal 21/5/2003 – Medida Provisória 104/2003.

16

Da Confusão

Disposições Gerais

O art. 381 estabelece que

> *"Extingue-se a obrigação, desde que na mesma pessoa se confundam as qualidades de credor e devedor"*.

E o art. 382 preceitua que

> *"A confusão pode verificar-se a respeito de toda a dívida, ou só de parte dela"*.

A confusão resulta, pois, do fato de reunir na mesma pessoa as qualidades de credor e devedor, ou de autor e réu. E a confusão poderá ser de duas espécies: total ou parcial. *"Será total, quando se veri-*

fica pela totalidade da dívida. É claro que, estabelecendo o Código que a obrigação se extingue desde que na mesma pessoa se confundam as qualidades de credor e devedor, a extinção da dívida se verificará pelo seu total, desde que o crédito e o débito se confundam na mesma pessoa como credora e devedora da mesma obrigação".[93]

Exemplo mais comum ocorre na sucessão *mortis causa*, quando o herdeiro é devedor do pai.

Desse modo, a obrigação deverá extinguir-se no todo ou em parte, conforme seja a confusão total ou parcial, como consta da lei.

O art. 383 estabelece que

> *"A confusão operada na pessoa do credor ou devedor solidário só extingue a obrigação até a concorrência da respectiva parte no crédito, ou na dívida, subsistindo quanto ao mais a solidariedade".*

Assim, *"se em obrigação solidária passiva, numa única pessoa, se reúnem as qualidades de devedor e credor, a confusão só se opera até a concorrência da quota desse co-devedor. Se ativa a solidariedade numa só pessoa se justapuserem as duas qualidades, a confusão será também parcial, prevalecendo, porém, quanto aos demais, a co-realidade".*[94]

Segundo o art. 384,

> *"Cessando a confusão, para logo se restabelece, com todos os seus acessórios, a obrigação anterior".*

---

[93] LIMA, João Franzen. *Curso de direito civil brasileiro*. Rio de Janeiro: Forense, 1961. v. 2, t. 1, p. 299-300.

[94] MONTEIRO, Washington de Barros. *Op. cit.* v. 1, p. 356, n. 2.

17

Da Remissão das Dívidas

Disponibilidade do Credor sobre seus Direitos de Ordem Patrimonial

O art. 385 estabelece que

> *"A remissão da dívida, aceita pelo devedor, extingue a obrigação, mas sem prejuízo de terceiro".*

tem-se, pelo art. 386, que

> *"A devolução voluntária do título da obrigação, quando por escrito particular, prova desoneração do devedor e seus co-obrigados, se o credor for capaz de alienar, e o devedor capaz de adquirir".*

O credor tem disponibilidade sobre seus direitos de ordem patrimonial e deles pode dispor, permitindo ao devedor liberar-se da obrigação sem que pague contraprestação ao credor, atitude que pode estar inspirada por uma intenção liberal, ou quaisquer outras razões que movam o credor a assim proceder.

O que a lei exige e cuida é da forma, do caráter bilateral da remissão, da capacidade das partes, e da ressalva de que tal remissão não cause prejuízo a terceiros.

No mais, no sistema brasileiro, não se pode compelir alguém a exigir o pagamento pelo devedor, desde que o credor assim não o deseje.

De outra parte (art. 387),

> *"A restituição voluntária do objeto empenhado prova a renúncia do credor à garantia real, não a extinção da dívida".*

A restituição do objeto empenhado, por si só, não faz presumir a remissão, mas apenas prova a renúncia do credor à garantia real. Somente com a devolução voluntária do título da obrigação, observados os critérios do art. 386, é que se extingue a obrigação.

Em se tratando de devedores solidários (art. 388),

> *"A remissão concedida a um dos co-devedores extingue a dívida na parte a ele correspondente; de modo que, ainda reservando o credor a solidariedade contra os outros, já lhes não pode cobrar o débito sem dedução da parte remitida".*

O texto legal está de acordo com a norma do art. 282, que estabelece que o credor pode renunciar à solidariedade em favor de um ou mais devedores, subsistindo quanto aos demais. Contudo, a remissão do credor feita a um devedor somente aproveita aos outros devedores até a concorrência da quantia relevada (art. 277), que deverá ser deduzida pelo credor.

18

Do Inadimplemento das Obrigações

Disposições Gerais

As obrigações são estabelecidas para serem cumpridas. O adimplemento das obrigações resulta na extinção das mesmas, cessando a relação jurídica que havia entre credor e devedor.

No título anterior, viu-se que o adimplemento das obrigações se dá mediante o pagamento, que obedece a determinadas regras e pode se realizar de vários modos, tais como o pagamento em consignação, com subrogação, dação em pagamento, novação, compensação, confusão e, ainda, estando o devedor obrigado por dois ou mais débitos de um mesmo credor, tem ele o direito de indicar a qual deles oferece o pagamento, tal como se dá com a imputação do pagamento. O credor tem também a discricionariedade de extinguir a obrigação, mediante remissão da dívida.

Uma vez realizada a prestação assumida pelo devedor em relação ao credor, tem-se o adimplemento da obrigação.

Dá-se o inadimplemento quando essa prestação não se realiza. E, em razão da força vinculativa inerente aos atos jurídicos bilaterais em geral, conhecida como *"a pedra angular da segurança do comércio jurídico"*, no ensinamento de Orlando Gomes,[95] o não cumprimento da obrigação é considerado por muitos civilistas um ato ilícito que causa prejuízo ao credor, sujeitando o devedor a responder por perdas e danos.

O inadimplemento classifica-se, quanto à causa, em imputável e inimputável. Considera-se imputável o inadimplemento quando decorre de culpa do devedor. Diz-se inimputável aquele em que o devedor não concorreu para a inexecução da obrigação, ou seja, que tenha resultado de caso fortuito ou de força maior.

O inadimplemento ainda pode ser classificado, quanto a seus efeitos, em absoluto e relativo. O inadimplemento será considerado absoluto quando *"o objetivo da prestação debitória é atingido, permanentemente, pela inviabilidade da execução voluntária"* ou *"perdido o interesse, ou desaparecida a possibilidade, quando a prestação se torna irrealizável, surge a figura do não cumprimento definitivo da obrigação"*.[96] O inadimplemento absoluto resolve o contrato e, se imputável ao devedor, possibilita ao credor dele exigir perdas e danos.

O inadimplemento relativo implica constituir-se o devedor em mora, dando-lhe oportunidade para emendá-la, mediante o cumprimento da prestação a que está obrigado, desde que esta última seja útil ao credor.

É que, muitas vezes, embora possa o devedor realizar a prestação, perde esta a utilidade para o credor, o que implica resolução do contrato, com apuração das perdas e danos efetivadas.

A moderna doutrina preocupou-se em destacar outra espécie de inadimplemento, a que chamou de violação positiva do contrato, definido confome Ferreira da Silva, citado por Rafael Peteffi da Silva, *"o inadimplemento decorrente do descumprimento culposo de dever lateral, quando este dever não tenha uma vinculação direta com os interesses do credor na prestação"*.[97]

---

[95] GOMES, Orlando. *Contratos*. 4. ed. Rio de Janeiro: Forense, 1973. p. 37.

[96] ASSIS, Araken de. *Resolução do contrato por inadimplemento*. São Paulo: Revista dos Tribunais, 1991. p. 92 e 110.

[97] SILVA, Rafael Peteffi da. Teoria do adimplemento e modalidades de inadimplemento, atualizado pelo novo Código Civil, citando Ferreira da Silva. In: *Revista do Advogado*, São Paulo, ano XXII, n. 68, dez. 2002. p. 151.

Efeitos da Inexecução da Obrigação

O Código Civil, nas disposições gerais sobre a matéria, traz o caso de inadimplemento imputável ao devedor. Quando a obrigação deixa de ser cumprida por culpa do devedor, responderá este (art. 389)

> *"por perdas e danos, mais juros e atualização monetária segundo índices oficiais regularmente estabelecidos, e honorários de advogado".*

Trata-se de regra geral sobre a inexecução de qualquer obrigação civil, cuja conseqüência é a reparação do dano.

Não obstante determine a lei que o devedor responde por perdas e danos, quando não cumprir sua obrigação, caberá ao credor optar pela ação de indenização por perdas e danos, com a resilição do negócio jurídico, nos termos do art. 389 do Código Civil, ou pela execução específica do contrato, cumulando-se o pedido com multa diária, na forma do art. 461 do Código de Processo Civil.

É que o princípio fundamental do direito das obrigações deve ser o seu cumprimento. Assim sendo, assiste ao credor o direito de exigir que a obrigação se cumpra, tal como se convencionou. O não-cumprimento da obrigação dá ao credor o direito a exigir perdas e danos (art. 389), mas a lei não exclui, nem poderia excluir, o direito que assiste ao credor de exigir, antes de tudo, que a obrigação se cumpra tal como se convencionou.

Aliás, é o que consta do art. 475, que estabelece que *"a parte lesada pelo inadimplemento pode pedir a resolução do contrato, se não preferir exigir-lhe o cumprimento, cabendo, em qualquer dos casos, indenização por perdas e danos".*

Ao se pronunciar sobre o assunto, a jurisprudência decidiu que *"a parte adimplente tem o direito de escolha nos contratos bilaterais: ou executa o contrato, pedindo o que está* in obligatione, *ou pede a rescisão do mesmo, com perdas e danos, que importa na* faculte soluciones*".*[98]

[98] RT 323/521.

Tal é o caso de devedor adquirente de imóvel que está obrigado a pagar as prestações e só o faz em relação a poucas, e ainda assim mediante a apresentação de cheques desprovidos de fundos. Nesse caso, há inadimplência obrigacional e a rescisão do contrato é viável com a conseqüente reintegração do credor na posse do imóvel. E, encontrando-se no imóvel locatário do devedor, litisconsorte passivo na relação jurídica, tornando, pois, injusta a posse indireta do devedor que alugou o imóvel compromissado, injusta também se tornará a posse do locatário, pois uma posse não pode ter natureza diversa da outra, como comenta a decisão citada.

No caso de o credor pretender a execução do contrato, pode, portanto, exigir os danos da mora. E o simples fato de ter o credor recebido a prestação de forma irregular não lhe retira o direito de reclamar danos, pois "*o recebimento da prestação, só por só, não pode ser interpretado como renúncia tácita aos efeitos da mora. Todavia, a matéria entende-se com a interpretação da vontade e as circunstâncias podem ditar outra solução*".[99]

Em caso de haver impossibilidade temporária de cumprimento da obrigação, sem culpa do devedor, este não incorre em danos da mora durante esse tempo, mas fica obrigado, uma vez cessado o obstáculo ao cumprimento da obrigação. Se a causa da demora for devido à culpa do devedor, este responde pelos danos que a mora trouxe ao credor.

Tratando-se de descumprimento de obrigação de fazer, como é a de outorga de escritura definitiva de imóvel em decorrência de compromisso de compra e venda, sendo o descumprimento motivado pela transferência de imóvel a terceiro e, portanto, desfeito o compromisso unilateralmente, dada a impossibilidade da prestação do fato a que se obrigara o vendedor, não mais podendo ser a obrigação de fazer executada *in natura*, o devedor da obrigação responde por perdas e danos.

Esse entendimento doutrinário é acolhido pela jurisprudência, tal qual "*se o titular do domínio promete vender a coisa a alguém e a*

---

[99] ALVIM, Agostinho. *Da inexecução das obrigações e suas conseqüências*. São Paulo: Saraiva,1972. p. 67, n. 41.

vende posteriormente a outrem, esta última venda é valida, em virtude do poder de disposição do proprietário. O que ocorre, neste caso, é inadimplemento da promessa de venda, que se resolve em perdas e danos, conforme a regra geral do art. 1.056 do Código Civil [atual art. 389]".[100]

Nesse caso, o entendimento é o de que a aquisição é realizada por terceiro de boa-fé, o que torna impossível a anulação da escritura de compra e venda.

A hipótese comentada cuida de inadimplemento cujo efeito é absoluto, isto é, definitivo ao credor do compromisso da promessa de venda, e a absoluta inexecução da obrigação assumida pelo devedor dá o direito ao credor de exigir perdas e danos.

No entanto, o ressarcimento tem como pressuposto a existência de prejuízo real e efetivo, sendo necessário fazer a prova específica do prejuízo ocorrido em razão do inadimplemento da obrigação, o que se verificará pelo desenrolar dos acontecimentos, independentemente da presunção de existência de dano havida, segundo o art. 389.

Para que a indenização possa ser concedida, é indispensável, segundo a doutrina: a) a existência do dano emergente; b) a verificação do lucro cessante; e c) o nexo causal.[101]

Inadimplemento Imputável do Devedor

Em sendo o inadimplemento absoluto culposo, o credor poderá exigir do devedor, de acordo com o art. 389,

> "*perdas e danos, mais juros e atualização monetária segundo índices oficiais regularmente estabelecidos, e honorários de advogado*".

---

[100] RJTJESP 116/359.

[101] ALVIM, Agostinho. *Da inexecução das obrigações e suas conseqüências.* 4. ed. SãoPaulo: Saraiva, 1972. p. 323-324.

O legislador, ao determinar que às perdas e danos se somassem os juros e atualização monetária, buscou reequilibrar o prejuízo sofrido pelo credor com o inadimplemento da obrigação ou o retardamento da solução, na grande maioria das vezes somente obtida por intermédio do Judiciário, razão por que também se estabeleceu contra o devedor o pagamento dos honorários advocatícios.

Orlando Gomes, com previdente sabedoria, já ensinava que o direito deveria adaptar-se aos fatos, proclamando que *"preservar o princípio da intangibilidade dos contratos numa economia debilitada por longa deterioração da moeda, seria manter o valor nominal das obrigações em detrimento de seu valor real, ignorando a realidade da vida por apego ao sentido literal. É preciso, ao contrário, encarar a situação com espírito realístico – deplorando-a embora – para adaptar o direito aos fatos"*.[102]

Assim, desde que haja inadimplemento culposo (absoluto ou relativo) o devedor deverá restituir os danos traduzidos na perda do poder aquisitivo da moeda, com juros e atualização monetária, cujo valor deverá ser estabelecido por decreto ou ato autorizado por decreto, e ainda honorários advocatícios, já que o credor, na maioria das vezes, dependerá da contratação de advogado para sua defesa, com base no princípio da *restitutio in integrum,* cuja construção é pretoriana.

O art. 390 estabelece que

> "*Nas obrigações negativas o devedor é havido por inadimplente desde o dia em que executou o ato de que se devia abster*".

Tem-se que nas obrigações de não fazer a inadimplência tem seu termo desde o dia em que o devedor executa o ato a que estava obrigado a abster-se. Trata-se de inadimplemento de obrigação ao inverso, ou seja, estava ele proibido de praticar o ato mas o fez, ficando sujeito às mesmas penalidades do art. 389. O art. 391 preceitua que

> "*Pelo inadimplemento das obrigações respondem todos os bens do devedor*".

---

[102] GOMES, Orlando. *Transformações gerais do direito das obrigações*. São Paulo: Revista dos Tribunais, 1967. p. 140.

Referida norma encontra suas raízes no direito romano, quando havia submissão do devedor ao credor, "pessoal a princípio, patrimonial após a vigência da lei Poetelia Papiria, que, no século IV a.C. ao vínculo corporal substituiu a responsabilidade patrimonial. Os bens e não o corpo do devedor deveriam responder pelas suas dívidas (*pecunia creditae bona debitoris non corpus ob noxium esse*).[103]

A exceção que se estabelece a essa regra é a relativa ao bem de família, de acordo com a Lei 8.009, de 29/03/1990, que dispõe sobre a impenhorabilidade do bem de família, considerado como tal o imóvel residencial próprio do casal, ou da entidade familiar, que além da impenhorabilidade não responde por qualquer tipo de dívida civil, comercial, fiscal, previdenciária ou de outra natureza, contraída pelos cônjuges ou pelos pais ou filhos que sejam seus proprietários e nele residam, salvo nas hipóteses previstas na mesma lei.

No art. 392, tem-se que

> "*Nos contratos benéficos, responde por simples culpa o contratante, a quem o contrato aproveite, e por dolo aquele a quem não favoreça. Nos contratos onerosos, responde cada uma das partes por culpa, salvo as exceções previstas em lei*".

A lei faz uma distinção entre os contratos benéficos ou unilaterais, como anteriormente eram chamados, e os onerosos, chamados de bilaterais.

O transporte gratuito é exemplo de contrato benéfico ou unilateral. Sendo assim, o transportador somente se responsabiliza a título de dolo e não de culpa.

Silvio Rodrigues sobre o tema ensina que contra o transportador remunerado pesa a presunção de responsabilidade pelos danos, mas em se tratando de transporte benévolo, "*a responsabilidade pela reparação do dano ao passageiro transportado só se caracterizará se provado ficar que agiu com dolo ou culpa grave*".[104]

---

[103] MONTEIRO, Washington de Barros. *Op. cit.* v. 1, p. 7.

[104] RODRIGUES, Silvio. *Responsabilidade civil.* São Paulo: Saraiva. 1975. v. 4, p. 108.

No caso dos contratos benéficos, não se pode falar em culpa aquiliana prevista no art. 186 do Código Civil, cabendo ao autor da ação provar o dolo do condutor para obter perdas e danos.

Outro caso é o de estacionamento gratuito, em que a hipótese é a contratualista, como contrato unilateral e gratuito ou benéfico no teor da lei, do qual resulta vantagem apenas para um dos contratantes, no caso o proprietário do veículo. Diferente é o caso de estacionamento em *shopping center*, em que, mesmo sem cobrar remuneração específica pelo uso da vaga, se cria entre o cliente relação jurídica bilateral, visto que a oferta de vaga não é mera cortesia, mas se destina a favorecer o próprio estabelecimento, induzindo às compras, atraindo os proprietários de veículos pela expectativa de segurança.

Quando o estabelecimento não extrai qualquer tipo de vantagem (direta ou indireta) do fato de colocar o estabelecimento à disposição de seus funcionários, a relação caracteriza-se como contrato benéfico ou unilateral, do qual resulta vantagem somente para uma das partes.

Em tais hipóteses, caracterizadas por atos gratuitos, o agente só responde por dolo e não por culpa. Como ensina Clóvis Beviláqua, o Código Civil não só nunca equipara como faz nítida distinção entre dolo e culpa e até mesmo procurou não distinguir os graus de culpa.[105] As circunstâncias é que demonstrarão o grau de culpa, como se infere da jurisprudência, havendo quem atribua à culpa gradação de grave, mais grave e gravíssima, ou ainda de culpa inexcusável.

Inadimplemento Inimputável do Devedor. Caso Fortuito ou de Força Maior

O inadimplemento da obrigação pode decorrer da impossibilidade do devedor, verificada em geral nos casos fortuitos, ou de força maior. Pode

[105] BEVILÁQUA, Clóvis. *Código Civil comentado*. 10. ed. Rio de Janeiro: Francisco Alves, 1955. v. 4, art. 1.057.

ainda verificar-se em decorrência de ato do próprio credor (remissão). De acordo com o art. 393,

> *"O devedor não responde pelos prejuízos resultantes de caso fortuito ou força maior, se expressamente não se houver por eles responsabilizado".*

Trata-se do princípio da exoneração pela inimputabilidade do devedor, quando o inadimplemento resultar de caso fortuito ou de força maior, extinguindo-se a relação obrigacional.

Clóvis Beviláqua, sobre a distinção entre caso fortuito e força maior, ensinou ser o caso fortuito, *"o acidente produzido por força física ininteligente, em condições que não podiam ser previstas pelas partes"*. Força maior é *"o fato de terceiro que criou, para a inexecução da obrigação um obstáculo, que a boa vontade do devedor não pode vencer"*.

"Não é, porém, a imprevisibilidade que deve, principalmente, caracterizar o caso fortuito, e, sim, a inevitabilidade. E, porque a força maior também é inevitável, juridicamente, se assimilam estas duas causas de irresponsabilidade. Uma seca extraordinária, um incêndio, uma tempestade, uma inundação produzem danos inevitáveis. Um embargo da autoridade pública impede a saída do navio do porto, de onde ia partir, e esse impedimento tem por conseqüência a impossibilidade de levar a carga ao porto de destino. Os gêneros que se acham armazenados para ser entregues ao comprador são requisitados por necessidade de guerra. Nesses e em outros casos é indiferente indagar se a impossibilidade de o devedor cumprir a obrigação procede de força maior ou de caso fortuito. Por isso, o Código Civil reuniu os dois fatos na mesma definição".[106]

Ocorrendo, pois, caso fortuito ou força maior, importa eliminar o conceito de culpa; inexistindo culpa, não há obrigação de ressarcir o dano.

O que se deve ter em mente, portanto, não é a simples dificuldade em adimplir a obrigação para que se tenha seu efeito liberatório. O que exonera a responsabilidade é a impossibilidade que deve ser ob-

[106] BEVILÁQUA, Clóvis. *Código Civil comentado*. 10. ed. Rio de Janeiro: Francisco Alves, 1955. v. 4, art. 1.058.

servada de modo concreto, para que sejam caracterizados o caso fortuito ou a força maior.

Para que tal se caracterize, deve-se extrair da noção de caso fortuito dois elementos indispensáveis à sua caracterização: *"um interno, de ordem objetiva: a inevitabilidade ou impossibilidade de impedir ou resistir ao acontecimento, objetivamente considerado, tendo em vista as possibilidades humanas, atendidas em toda sua generalidade, sem nenhuma consideração pelas condições pessoais do indivíduo cuja responsabilidade está em causa; outro externo, de ordem subjetiva: a ausência de culpa".*[107]

A doutrina e a jurisprudência construíram a tese da teoria da imprevisibilidade, atualmente legislada em nosso Código Civil como resolução por onerosidade excessiva, no art. 478. Pela teoria da imprevisão reconhece-se a existência de força maior como excludente do adimplemento da obrigação, toda vez que ocorra imprevisível mudança, inteiramente fortuita, e que acarrete a impossibilidade do cumprimento da obrigação ou determine uma excessiva e injusta oneração do devedor.

O pressuposto que se tem é que as partes, ao contratarem, presumem a possibilidade da prestação.

Orlando Gomes, a propósito do tema, ensina que *"para justificar as exceções que a eqüidade impõe ao princípio da intangibilidade do conteúdo dos contratos, a doutrina, inicialmente, fez ressurgir antiga proposição do direito canônico, a chamada cláusula rebus sic stantibus, e, em seguida, adotou a construção teórica conhecida por teoria da imprevisão. A cláusula* rebus sic stantibus *considerava-se inserta nos contratos de execução diferida, como condição de sua força obrigatória. Para que conservassem o seu poder vinculante, estava subentendido que não deveria ser alterado o estado de fato existente no momento de sua formação. Admitia-se, em suma, que* contractus qui habent tractum sucessivum et dependentiam de futuro rebus sic stantibus intellingentur. *Assim deveriam ser entendidos, presumida a cláusula"* (nos contratos de trato sucessivo ou a termo, o vínculo obrigatório entende-se subordinado à continuação daquele estado de fato vigente ao tempo da estipulação). *"Por-*

[107] FONSECA, Arnoldo Medeiros da. *Caso fortuito e teoria da imprevisão.* Rio de Janeiro: Forense, 1958. p. 143.

tanto, quando acontecimentos extraordinários determinam radical alteração no estado de fato contemporâneo à celebração do contrato, acarretando conseqüências imprevisíveis das quais decorre excessiva onerosidade no cumprimento da obrigação, o vínculo contratual pode ser resolvido...".[108]

A construção doutrinária e pretoriana desaguou no art. 478 da atual legislação civil, ao estabelecer que

> *"Nos contratos de execução continuada ou diferida, se a prestação de uma das partes se tornar excessivamente onerosa, com extrema vantagem para a outra, em virtude de acontecimentos extraordinários e imprevisíveis, poderá o devedor pedir a resolução do contrato. Os efeitos da sentença que a decretar retroagirão à data da citação".*

A mesma base, portanto, que inspirou a doutrina e a jurisprudência, ou seja, as razões de eqüidade e de justo equilíbrio entre os contratantes, foi a que inspirou a atual legislação civil na disposição do art. 478.

Teoria do Fato de Terceiro

De acordo com o parágrafo único do art. 393,

> *"O caso fortuito ou de força maior verifica-se no fato necessário, cujos efeitos não era possível evitar ou impedir".*

A hipótese de alegação de culpa de terceiro como causa exclusiva do dano pelo agente exonera-lhe de responder por perdas e danos. Trata-se do que a doutrina chamou de teoria do fato de terceiro, traduzida como força maior, desde que a boa vontade do devedor não a possa vencer.

Assim, o fato necessário (força maior), quando praticado por terceiro como causa principal, de caráter absolutamente imprevisível,

[108] GOMES, Orlando. *Contratos.* 4. ed. Rio de Janeiro: Forense, 1973. p. 39.

equipara-se à circunstância exonerativa de responsabilidade, nos termos do parágrafo único do art. 393, pois, *"provado o fato de terceiro, como causa exclusiva do dano, está o ofensor livre de responder por perdas e danos"*.[109]

A impossibilidade ou a inevitabilidade nunca podem ser atribuíveis ao próprio devedor, ou provirem de ato ou fato do próprio devedor. Se provierem, é óbvio que não se trata de fato de natureza ou de terceiro.

Adverte Agostinho Alvim que, ao lado da corrente para a qual o fato de terceiro é sempre excludente da responsabilidade, outra há para a qual o *"fato de terceiro só exonera quando realmente constitui causa estranha ao devedor, isto é, quando elimine, totalmente, a relação da causalidade entre o dano e o desempenho do contrato, sendo pois a questão essencialmente ligada ao problema do nexo causal"*.[110]

Como exemplo de fato de terceiro, cita-se a ocorrência de um assalto a passageiros de ônibus, considerado como caso fortuito ao contrato de transporte, não estando a transportadora obrigada a indenizar. Ou, ainda, o caso de batida na traseira do veículo, quando o ato praticado por terceiro é imprevisível e inevitável: provada a ocorrência com absoluta segurança, equipara-se a caso fortuito e não gera obrigação de indenizar para quem em razão dele foi envolvido em acidente de trânsito.

A jurisprudência ainda anotou o caso do imóvel depredado por ladrões, em ação de indenização contra o inquilino e seu fiador. Ficou reconhecido que o inquilino não responde pelos danos causados por ladrões no prédio locado. Insere-se o fato na excludente do caso fortuito ou força maior, sendo impossível a prevenção absoluta contra agressão desse tipo, não se podendo exigir do inquilino, porque fora do sentido normal das coisas, uma vigilância permanente, capaz de obviar o furto.[111]

Sendo comum a alegação de fato de terceiro em ação de responsabilidade civil decorrente de acidente de trânsito, traz-se à colação

---

[109] RT 404/134.

[110] ALVIM, Agostinho. *Da responsabilidade civil.* 6. ed. Rio de Janeiro: Forense, 1979. v. 2, p. 298.

[111] RT 583/182

acórdão que apreciou o fato de ter sido um veículo (do réu) projetado contra outro (da autora), depois de ter sido abalroado por outro, hipótese essa em que o automóvel da ré atuou apenas como projétil ou instrumento sem oportunidade de controle. (Apelação 703.214-0, São Paulo, 5ª Câmara Especial de Janeiro/97 – 22/01/1997.)

O acórdão trouxe a lição de José de Aguiar Dias em cujo magistério observa: *"Os códigos filiados ao sistema francês não mencionam especialmente o fato de terceiro. Nosso código também não o faz, limitando-se à clássica referência ao caso fortuito ou de força maior. Pelo contrário, o que nele encontramos é precisamente um sinal adverso ao reconhecimento amplo dos efeitos do fato de terceiro sobre a responsabilidade, no artigo 1520 (hoje 930), onde se consagra tão-somente a ação regressiva contra ele, o que supõe, logicamente, a responsabilidade, ou melhor, a obrigação de reparar, por parte do sujeito desse direito regressivo. Neste caso, o agente é atingido pelo fato de um terceiro, mas não é inibido na conduta própria. Participa da causa do evento danoso e atua de algum modo para o resultado lesivo. Na outra hipótese de o conduzido atuar apenas como projétil ou instrumento, ele é lançado contra outro obstáculo, sem oportunidade de controle ou de neutralização dos efeitos nefastos. Por mais que sua vontade atue no sentido de evitar outro evento ou de minimizar as conseqüências inevitáveis, nada pode fazer. O instrumento ou projétil não teve conduta volitiva. No primeiro caso, o agente responde perante a vítima dos danos e volta-se contra o causador indireto. No segundo, a pretensão reparatória deve ser dirigida diretamente contra o causador primeiro dos efeitos atingidos"*.[112]

A culpa de terceiro não elide a responsabilidade do transportador, quando se trata de fato ínsito à natureza do contrato de transporte, como por exemplo a colisão. Pelo contrato de transporte, o transportador deve levar o passageiro são e salvo ao seu destino, resguardando-o dos riscos normais da viagem, resultantes da própria natureza do transporte.

O Superior Tribunal de Justiça, no exame da responsabilidade civil em acidente ocasionado por fato de terceiro, apontado como exclusão de responsabilidade, decidiu que: *"É dever da transportadora*

[112] DIAS, José de Aguiar. *Da responsabilidade civil.* 6. ed. Rio de Janeiro: Forense. 1979. v. 2, p. 298.

conduzir o passageiro incólume até o local de destino. Falecendo passageiro em razão de acidente em estrada há culpa presumida da empresa de transporte interestadual, somente elidida pela demonstração de caso fortuito, força maior ou culpa exclusiva da vítima (art. 17 do Decreto 2.681/1912). O Decreto 2.681/1912 não se encontra revogado pelo C. D. C. no que tange à responsabilidade das estradas de ferro e, por analogia, das rodovias, e suas excludentes. Persiste, assim, aplicável a Súmula 187/STF, que determina que 'a responsabilidade contratual do transportador, pelo acidente com o passageiro, não é elidida por culpa de terceiro, contra o qual tem ação regressiva'. Inserindo-se o fato de terceiro nos riscos próprios do deslocamento e estabelecendo o acórdão a quo *não ter sido imprevisível o sinistro não é este fator excludente da responsabilidade da transportadora".*[113]

[113] REsp 293292/SP, DJ 8/10/2001, p. 00214.

19

Da Mora

Conceito

O inadimplemento relativo da obrigação tem como conseqüência a mora do devedor.

Tanto em sentido originário como em sentido técnico-jurídico, a mora – do latim *mora* – significa *"a tardança, a delonga ou o adiamento em se fazer ou se executar o que se deve ou a que se está obrigado no momento aprazado"* ou *"no momento em que se torna exigível"*.[114]

O art. 394 traz um conceito amplo ao considerar

> *"em mora o devedor que não efetuar o pagamento e o credor que não quiser recebê-lo no tempo, lugar e forma que a lei ou a convenção estabelecer"*.

[114] DE PLÁCIDO E SILVA. *Vocabulário jurídico*. Rio de Janeiro: Forense, 1980. v. 3, p. 1.035.

A mora tanto pode ser do devedor, conhecida também como *mora debitoris* ou *mora solvendi*, como pode ser do credor, tida como *mora accipiendi* ou *mora creditoris*.

A mora tem como pressuposto um aspecto subjetivo, ou seja, a inexecução culposa do devedor. Trata-se do cumprimento imperfeito da obrigação, no tempo, lugar ou forma que a lei ou a convenção estabelecer, considerando-se estes últimos o aspecto objetivo da mora. É, pois, no retardamento culposo que se configura a ilicitude, sendo assim indispensável que o crédito se torne certo, exigível e líquido e esteja vencido.

A mora diferencia-se do inadimplemento absoluto, que se verifica *"quando a obrigação não foi cumprida, nem poderá sê-lo, como no caso do perecimento do objeto, por culpa do devedor ou quando não mais subsiste para o credor a possibilidade de receber"*.[115] A mora caracteriza-se pelo retardamento no cumprimento da obrigação, subsistindo para o credor a possibilidade de receber.

Da Mora do Credor

Como dispõe o art. 394, pode-se considerar em mora tanto o devedor, quando este não efetuar o pagamento no tempo, lugar e forma determinados pela lei ou convenção, quanto o credor que não quiser receber o pagamento, da mesma forma.

Aqui há que fazer referência, novamente, como já o fizemos no item 4.1 do Capítulo 9, às dívidas *portable* e *quérable*. Quando a dívida é *portable*, isto é, o pagamento deve ser feito no domicílio do credor, caso o devedor não realize o pagamento no tempo, lugar e forma determinados, bastará a existência do contrato ao credor para que seja caracterizada a mora do devedor. Todavia, quando a dívida é *quérable*, isto é, o credor deve receber no domicílio do devedor, caberá ao credor provar que foi ou mandou receber a prestação junto ao devedor e este não pagou, sob pena de incorrer em mora.

[115] ALVIM, Agostinho. *Da inexecução das obrigações e suas conseqüências*. 4. ed. São Paulo: Saraiva, 1972. p. 7.

A mora do credor ocorre, portanto, quando ele se recusa a receber o pagamento ou deixa de receber a prestação no tempo, forma ou local convencionados. Todavia, antes do vencimento da dívida, não está o credor obrigado a receber a prestação.

Tem-se, pois, como refere a jurisprudência, como regra geral a mora *ex re* (em razão do fato ou da coisa) mas para que se considere o vencimento da obrigação e para que se torne exigível a dívida, sendo esta quesível, é indispensável que o credor demonstre que diligenciou a recepção de seu crédito, pois deve buscá-lo no domicílio do devedor. Sem o atendimento dessa formalidade quanto ao lugar do pagamento, não se tem a dívida vencida.[116]

Da referida decisão extrai-se que na dívida quesível não é necessária, embora aconselhável, a oferta do devedor, pois deve ele aguardar a presença de cobrança do credor, só lhe sendo exigido que esteja pronto para pagar quando provocado pelo credor.

De outra parte, se o credor muda o lugar do cumprimento e não avisa o devedor dessa mudança, este último não pode ser constituído em mora se de boa-fé ignorar onde deva fazê-lo. Nesse caso, a mora ocorre para o credor.

Da Mora do Devedor

A mora do devedor caracteriza-se pelo não-cumprimento da obrigação. Sendo assim, o débito deve ser líquido, eis que, se o devedor não souber o valor a ser pago, não se poderá falar em mora, nem atribuir ao devedor a culpa no retardamento. O inadimplemento da obrigação positiva (aquela em que o pagamento pode ser exigido) e líquida no seu termo (aquela que é certa quanto à sua existência e determinada quanto ao seu objeto, com término certo), constitui de pleno direito em mora o devedor (art. 397). Não havendo termo, a mora se constitui mediante interpelação judicial ou extrajudicial (parágrafo único, art. 397).

[116] STJ – REsp 363614/SP, de 22/04/2002.

A interpelação judicial ou extrajudicial para a constituição em mora do devedor somente é exigida no caso de não ter sido fixado prazo para o vencimento da obrigação. De outro modo, a inexecução da obrigação no devido tempo constitui de pleno direito em mora o devedor, se for ela positiva e líquida, como já se disse neste capítulo.

Nos contratos, cuja cláusula resolutória, ou seja, aquela pela qual se estabelece que o inadimplemento da obrigação, por parte de qualquer dos contratantes, implica a rescisão automática do respectivo contrato, quando expressa e inequívoca, opera seus efeitos de pleno direito pelo simples vencimento da obrigação, gerando, desde logo, a *mora solvendi.*

Todavia, se no contrato acenarem soluções alternativas, considera-se desnaturada a cláusula resolutória, exigindo-se a interpelação do devedor para proteger-lhe a boa-fé.[117]

Efeitos da Mora

Ocorrendo a mora do devedor, este responderá (art. 395)

> "*pelos prejuízos a que sua mora der causa, mais juros, atualização dos valores monetários segundo índices oficiais regularmente estabelecidos, e honorários de advogado*" .

Trata-se do mesmo princípio estabelecido nas disposições gerais do inadimplemento das obrigações, no art. 389 já comentado. É que, como ensina Pontes de Miranda, "*sempre que se trata de indenizar por atos ilícitos, ou lícitos, o valor que há de cobrir os danos tem de ser o do momento do adimplemento. Daí a necessidade de se corrigirem (porém em dia) as avaliações*".[118]

A mora tem como um dos seus efeitos, portanto, a responsabilidade do devedor por perdas e danos causados ao credor, em razão

[117] RT 460/214.

[118] MIRANDA, Francisco Cavalcanti Pontes de. *Tratado de direito privado*. 2. ed. Rio de Janeiro: Borsoi, 1958. v. 29, p. 292.

de retardamento culposo ou cumprimento imperfeito da obrigação no tempo, lugar ou forma convencionados. Enquanto a obrigação não for cumprida, depois de vencida, ainda que o devedor venha a cumprir a obrigação, deverá fazê-lo com o acréscimo da indenização pela mora, na forma dos arts. 402 e seguintes do Código Civil, que cuidam das perdas e danos.

Em relação ao credor (art. 400), a *mora creditoris*

> "*subtrai o devedor isento de dolo à responsabilidade pela conservação da coisa, obriga o credor a ressarcir as despesas empregadas em conservá-la, e sujeita-o a recebê-la pela estimação mais favorável ao devedor, se o seu valor oscilar entre o dia estabelecido para o pagamento e o da sua efetivação*" .

A hipótese legal trata do ônus que deve ser suportado pelo credor em razão de sua *mora creditoris,* ou seja, a recusa ou cumprimento imperfeito da obrigação, que o sujeita aos efeitos da mora, salvaguardando o devedor dos riscos que a conservação da coisa possa acarretar, responsabilizando-se o credor quanto às despesas sofridas para conservá-la e ainda beneficiando o devedor, fazendo que ele receba a coisa pela estimação mais favorável ao devedor, se houver oscilação no tempo do vencimento e sua efetivação.

Purgação da Mora

O devedor pode pagar ou purgar a mora, na hipótese de inadimplemento. O art. 401 estabelece os modos de purgar-se a mora, tanto para o devedor como também para o credor, sendo eles:

> "*I. por parte do devedor, oferecendo este a prestação mais a importância dos prejuízos decorrentes do dia da oferta;*
> *II. por parte do credor, oferecendo-se este a receber o pagamento e sujeitando-se aos efeitos da mora até a mesma data*".

O devedor pode utilizar-se da ação de consignação em pagamento, que pressupõe a *mora creditoris*, ou a dúvida a quem pagar, oferecendo o pagamento e demais encargos para que cesse a mora e suas conseqüências.

Nos termos do art. 899 do Código de Processo Civil, o devedor pode ser alertado pelo credor a completar o depósito. Se ele não o fizer, a ação de consignação pode ser julgada improcedente, porque o depósito não foi integral e assim não cessarão os efeitos da mora.

Em caso de purga da mora decorrente de obrigação em contrato de locação, a jurisprudência tem entendido que a purga da mora depende da satisfação dos aluguéis corrigidos monetariamente, mesmo em caso de o contrato de locação ser omisso a respeito. E isto porque, sendo um procedimento por meio do qual o devedor pretende corrigir a situação de retardamento, deve sujeitar-se aos efeitos dele decorrentes, sendo um deles o pagamento atualizado do valor devido, além dos juros.

A purga da mora impede a resolução do contrato, mas *"não implica extinção das prestações nascidas da própria mora, vez que produz efeitos* ex nunc *(desde agora) valendo para o futuro".* [119]

Inadimplemento Absoluto por Culpa e sem Culpa do Devedor

Se a prestação devido à mora tornar-se inútil ao credor, pode este enjeitá-la, e exigir a satisfação das perdas e danos.

Trata-se de outro efeito da mora, desta feita decorrente do cumprimento imperfeito da obrigação no tempo, lugar ou forma convencionados, já que, sob a ótica do credor, *"a prestação não é mais possível de ser recebida, seja por impossibilidade fática ou legal de realização da prestação ou pela perda de interesse do credor".*[120]

[119] RT 665/120.
[120] SILVA, Rafael Peteffi da. *Op. cit.* p. 145.

Como exemplo temos a contratação de empresa para entrega de convites para determinado evento, evidentemente com data marcada, sem que os convites sejam entregues a tempo aos convidados. A prestação do serviço, ainda que possa ser realizada a destempo, torna-se inútil ao credor, pois já não lhe é mais útil exigir o cumprimento da obrigação. Evidentemente que ao credor caberá indenização por perdas e danos.

Só tem efeito rescisório a prestação defeituosamente cumprida ou retardada que se tornar inútil ao contratante, caso em que pode este demandar a rescisão, com perdas e danos.

Assim, nos casos de inadimplemento absoluto, como se viu no início deste capítulo, a mora não tem papel preponderante, como é o caso da inexecução das obrigações decorrentes de compromisso de imóvel loteado, em que, vencida e não paga a prestação, a lei declara rescindido o contrato 30 (trinta) dias depois de constituído o devedor em mora (Decreto-Lei 58, de 10/12/1937).

O Primeiro Tribunal de Alçada Civil teve oportunidade de julgar agravo de instrumento para conceder a antecipação de tutela reclamada por aluno que pretendia garantir a matrícula no ano letivo em escola, malgrado a mora no pagamento das prestações do ano letivo anterior.

A decisão reconheceu a impossibilidade de a escola recusar a matrícula e considerar rescindido o contrato de prestação de serviços educacionais, trazendo a magistral lição de Araken de Assis, que trata do inadimplemento relativo e absoluto na forma seguinte:[121] *"de fato, existe inadimplemento relativo "se a obrigação não foi cumprida no termo, lugar e forma devidos, porém poderá sê-lo, com proveito para o credor, hipótese em que se terá a mora"*. Em outros termos, a viabilidade do cumprimento, porque útil ao credor a prestação tardia, completada de perdas e danos, constitui um pressuposto da mora; *"perdido o interesse, ou desaparecida a possibilidade, quando a prestação se torna irrealizável, surge a figura do não cumprimento definitivo da obrigação, conclui-se em seguida. É o que se pode chamar de caráter transformista da mora. Consiste seu efeito principal na responsabilidade – assentada na culpa – de o*

[121] ASSIS, Araken de. *Op. cit.* p. 92.

obrigado pagar perdas e danos, na estatuição do art. 1.056 do Código Civil [atual art. 389]".[122]

O devedor em mora responde também pela impossibilidade da prestação, ainda que essa impossibilidade resulte de caso fortuito ou de força maior, se estes ocorrerem durante o atraso (art. 399).

A hipótese legal cuida do caso em que a impossibilidade é superveniente ao vencimento da obrigação, e assim, ainda que resulte de caso fortuito ou de força maior, estando o devedor em mora no momento do acontecimento, nos termos do art. 399, responderá pela impossibilidade da prestação.

Para a espécie, deve ser analisado o que já se disse sobre a existência de caso fortuito e de força maior, fazendo-se a necessária distinção entre a impossibilidade absoluta e a mera dificuldade da prestação, lembrando que a impossibilidade absoluta resolve a obrigação, e a outra hipótese permite ao credor exigir o cumprimento da parte que lhe for útil, de acordo com a natureza e o fim do contrato.

Nesse último caso, ou seja, o cumprimento da parte que for útil ao credor, também não se pode perder de vista que o cumprimento ficaria condicionado à vontade do credor da obrigação, a quem se reserva o direito de preferir à resolução contratual dada a inutilidade da prestação ou a incerteza quanto ao adimplemento futuro, que também é causa de quebra do interesse do credor em manter o vínculo.

A segunda parte do art. 399 cuida da hipótese em que o devedor prove

> "*isenção de culpa, ou que o dano sobreviria ainda quando a obrigação fosse oportunamente desempenhada.*"

para torná-lo inimputável.

A impossibilidade inimputável ao devedor, aliás, está prevista no art. 396, ao estipular que

> "*Não havendo fato ou omissão imputável ao devedor, não incorre este em mora*".

---

[122] Agravo de Instrumento 1.053.742-1, Bol. AASP, n. 2.308, p. 2.596.

Trata-se da ocorrência de caso fortuito ou de força maior, para exonerar o devedor da mora.

No art. 398, tem-se que

> "*Nas obrigações provenientes de ato ilícito, considera-se o devedor em mora, desde que o praticou*",

dispensando a lei civil qualquer formalidade em razão da natureza do próprio ato. O ato ilícito encontra-se definido pela lei civil no art. 186 como

> "*Aquele que, por ação ou omissão voluntária, negligência ou imprudência, violar direito e causar dano a outrem, ainda que exclusivamente moral*".

20

Das Perdas e Danos

Conceito

Considera-se dano todo o prejuízo sofrido pela parte em decorrência de inadimplemento de obrigação ou prática de ato ilícito.

Os danos referem-se aos prejuízos causados por quem o pratica, e as perdas referem-se àquilo que efetivamente se deixou de ganhar, como lembra Pontes de Miranda, "perde-se o que se deixa de ganhar".[123]

"Em termos simples, o agente faz algo que lhe não era permitido, ou deixa de realizar aquilo a que se comprometera juridicamente, atingindo a esfera alheia e causando-lhe prejuízo, seja por ações, gestos, palavras, escritos, ou por meios outros de comunicação possível".[124]

[123] MIRANDA, Francisco Cavalcanti Pontes de. *Tratado de direito privado*. 2. ed. Rio de Janeiro: Borsoi, 1958. t. 25, p. 23.

[124] BITTAR, Carlos Alberto. *Reparação civil por danos morais*. São Paulo: Revista dos Tribunais, 1992. p. 128.

Quando isto ocorre, a lei concede instrumentos à vítima para ir buscar as perdas e danos sofridos. *"O direito, ciência humana, deve resignar-se a soluções imperfeitas como a da reparação no verdadeiro sentido da palavra. Cumpre-nos, nas perdas e danos atribuídas à vítima, não o dinheiro em si, mas tudo o que ele pode proporcionar no domínio material ou moral"*.[125]

Dano Moral e Material

Os danos podem ser morais e materiais. São danos morais *"a lesão que afeta sentimentos, vulnera afeições legítimas e rompe o equilíbrio espiritual, produzindo angústia, humilhação, dor, etc. O dano material tem-se quando o prejuízo afeta bem material"*.[126]

O art. 186, ao tratar dos atos ilícitos, estabelece que

> *"Aquele que, por ação ou omissão voluntária, negligência ou imprudência, violar direito e causar dano a outrem, ainda que exclusivamente moral, comete ato ilícito"*.

Tanto o dano moral como o material são passíveis de apreciação pecuniária, como se infere do art. 186. A Constituição Federal, no art. 5º, X , já havia alçado o dano moral a ser passível de indenização, o que foi confirmado pela legislação atual.

Na lição de Carlos Alberto Bittar, são danos ressarcíveis os prejuízos materiais ou morais sofridos por certa pessoa, ou pela coletividade, em virtude de ações lesivas perpetradas por entes personalizados. Ingressam, assim, na categoria jurídica de danos reparáveis as lesões pecuniárias ou morais experimentadas por alguém, em razão de fato antijurídico de outrem, basicamente, da prática de ato ilícito, ou do exercício de atividades perigosas".[127]

---

[125] DIAS, José de Aguiar. *Op. cit.* v. 2, p. 345.

[126] SANTOS, Antonio Jeová. *Dano moral indenizável.* São Paulo: Lejus, 1997. p. 22-23.

[127] BITTAR, Carlos Alberto. *Reparação civil por danos morais.* São Paulo: Revista dos Tribunais, 1992. p. 26.

A jurisprudência é farta quanto ao reconhecimento dos danos materiais e morais, cumulativamente, à pessoa física, ou ainda os danos morais, oriundos de ofensas a direitos da personalidade, em especial à imagem, à honra, em conseqüência de abalo de crédito, em acidente de trabalho, como se verifica das ementas trazidas para ilustração.

> INDENIZAÇÃO – DANO MORAL – ARBITRAMENTO – CRITÉRIO – JUÍZO PRUDENCIAL – AÇÃO PROCEDENTE – RECURSO PROVIDO PARA ESSE FIM.
>
> A indenização por dano moral é arbitrável, mediante estimativa prudencial que leve em conta a necessidade de, com a quantia, satisfazer a dor da vítima e dissuadir, de igual e novo atentado, o autor da ofensa. Ementas oficiais:
>
> 1. RESPONSABILIDADE CIVIL – ERRO BANCÁRIO CULPOSO – NOME DE CORRENTISTA – REGISTRO INDEVIDO NA CENTRAL DE RESTRIÇÕES DE ÓRGÃO DE PROTEÇÃO AO CRÉDITO – DANO MORAL CONFIGURADO – INDENIZAÇÃO DEVIDA – PROVIMENTO AO RECURSO – AÇÃO JULGADA PROCEDENTE – APLICAÇÃO DO ART. 5º, INCISO X, DA CONSTITUIÇÃO DA REPÚBLICA, E ART. 159 DO CÓDIGO CIVIL.
>   Responde, a título de ato ilícito absoluto, pelo dano moral conseqüente, o estabelecimento bancário que, por erro culposo, provoca registro indevido do nome de cliente em central de restrições de órgão de proteção ao crédito.
> 2. INDENIZAÇÃO – DANO MORAL – ARBITRAMENTO – CRITÉRIO – JUÍZO PRUDENCIAL.
>   A indenização por dano moral é arbitrável, mediante estimativa prudencial que leve em conta a necessidade de, com a quantia, satisfazer a dor da vítima e dissuadir, de igual e novo atentado, o autor da ofensa (TJSP – 2ª Câmara Civil – Apelação Cível 198.945-1-SP; Relator Desembargador Cezar Peluso; j. 21.12.1993; v.u.) JTJ 156/94.

> INDENIZAÇÃO – PROTESTO INDEVIDO DE TÍTULO – FIXAÇÃO DO *QUANTUM* INDENIZATÓRIO – VALOR CORRESPONDENTE AO

dobro do consignado na cártula – Aplicação analógica do art. 1.531, do Código Civil. Ementa oficial:
Por aplicação analógica do art. 1.531 do Código Civil, admissível a fixação do *quantum* indenizatório, decorrente de protesto indevido de título, no valor correspondente ao dobro do consignado na cártula (TAMG – 6ª Câmara Civil; Apelação Cível 160.196-1-Belo Horizonte; Relator Juiz Baía Borges; j. 26.05.1994) RT 716/270.

Indenização – Responsabilidade Civil – Dano moral – Protesto cambiário indevido – Abalo de crédito e conseqüente diminuição do faturamento – Verba devida – Recurso provido para esse fim.
Não prevê a lei padrão de aferição do valor indenizatório na hipótese de ressarcimento por abalo de crédito, senão o genérico para os casos de prática de ato ilícito. Assim, ao juiz tocará o arbitramento da indenização cabível, segundo seu elevado critério, conforme disposto no art. 1.553 do Código Civil (TJSP – 6ª Câmara Civil; Apelação Cível 189.395-1-SP; Relator Desembargador Ernani de Paiva; j. 18.03.1993; v.u.) JTJ 145/106.

Indenização – Dano moral – Promitente vendedora que remete os nomes de compromissários compradores de unidades habitacionais para constar do SPC – Precedência da ação proposta pelos compromissários compradores visando discutir as cláusulas e preços do contrato – Falta dessa informação ao cadastro – Incorreção de dado que motiva a exclusão dos autores do cadastro – Verba devida.
Se compromissários compradores de unidades habitacionais do mesmo empreendimento ingressaram em juízo com ação visando a revisão do saldo devedor e no curso desse processo, a promitente vendedora enviou ao Serviço de Proteção ao Crédito os seus nomes a fim de serem inseridos no cadastro de inadimplência, omitindo do cadastro a existência do

litígio, uma vez que essa informação iria impedir dita inscrição, deve a promitente vendedora promover a exclusão dos nomes dos compromissários compradores daquele cadastro e arcar com a reparação por danos morais que a injusta inclusão lhes causou (TJSP – 14ª Câmara Civil; Apelação Cível nº 254356-2/0-SP; Relator Desembargador Ruiter Oliva; j. 21.03.1995; v.u.) RT 717/148.

RESPONSABILIDADE CIVIL – ACIDENTE DO TRABALHO. ACIDENTE OCORRIDO POR CULPA EXCLUSIVA DA RÉ, DADA A FALTA DE FISCALIZAÇÃO E DE FORNECIMENTO DE EQUIPAMENTOS DE PROTEÇÃO AOS EMPREGADOS. DANOS MORAIS E MATERIAIS. CUMULAÇÃO POSSÍVEL. CÁLCULO DA PENSÃO MENSAL. DIREITO DE ACRESCER.

Fixação do dano moral em 50% da indenização do dano material (TJSP – 4ª Câmara de Férias "B" de Direito Privado; Apelação Cível 268.907-1/9-00-Guaíra; Relator Desembargador Olavo Siqueira; j. 07.08.1996; v.u.) RJ 231/53.

RESPONSABILIDADE CIVIL – ACIDENTE DO TRABALHO – NULIDADE DA SENTENÇA – INEXISTÊNCIA - CULPA DO EMPREGADOR – PENSÃO – DANO ESTÉTICO – VERBA HONORÁRIA.

Não é *extra petita* a sentença que condena o réu em parcela de menor abrangência do que a pedida ou que considera também o dano moral quando a parte postula indenização por dano estético. Verificada a culpa do empregador no acidente de trabalho, impõe-se sua obrigação de indenizar o empregado (CF, art. 7º, XXVIII), não se exigindo mais a presença de dolo ou culpa grave. Continuando por algum tempo o empregado a exercer suas atividades na empresa, mas comprovada incapacidade parcial para as mesmas atividades, a pensão passa a ser devida a partir de sua demissão e não do acidente, demonstrado que após demitido mudou de profissão. O dano estético engloba o moral, devendo a indenização a este título considerar ambos os aspectos. Gozando o autor da AJG, o percentual de honorários de seu advogado não pode exceder a 15% sobre a condenação (art. 11, § 1º, da L. 1.060/50) (TARS – 2ª Câmara; Apelação Cível 196113757; Relator Juiz João Carlos B. Cardoso; j. 24.07.96) RJ 228/107.

A jurisprudência também é assente em reconhecer o dano moral à pessoa jurídica, em razão de ofensa à sua honra objetiva, como trata a ementa seguinte.

Responsabilidade Civil – Dano moral – Pessoa jurídica. A honra objetiva da pessoa jurídica pode ser ofendida pelo protesto indevido de título cambial, cabendo indenização pelo dano extrapatrimonial daí decorrente. Recurso conhecido, pela divergência, mas improvido (STJ – 4ª T.; Rec. Esp. 60.033-2-MG; Relator Ministro Ruy Rosado de Aguiar; j. 09.08.1995; v.u.; ementa) AASP 1962/61-e, de 31.07.1996; JSTJ/TRF 81/228.

Os pressupostos para a existência dos referidos danos (morais e materiais) acompanham os que se referem aos danos emergentes e lucros cessantes, que veremos a seguir.

Dano Emergente e Lucro Cessante

Os danos classificam-se em: dano emergente e lucro cessante. Dano emergente constituiu-se na concreta redução sofrida pelo credor em seu patrimônio. Lucro cessante constitui-se naquilo que o credor deixou razoavelmente de auferir em razão do inadimplemento do devedor.

Tanto o dano emergente como o lucro cessante está previsto pelo legislador no art. 402, que, ao tratar do tema, estipulou que

"as perdas e danos devidas ao credor abrangem, além do que ele efetivamente perdeu, o que razoavelmente deixou de lucrar",

salvo as exceções expressamente previstas em lei.

O dano emergente focaliza-se no que o credor efetivamente perdeu, e o lucro cessante, no que razoavelmente deixou de lucrar, o que equivale dizer que deve haver possibilidade precisa de ganho, sem o que não há lucro.

Necessidade de Prova do Dano

Os danos não se presumem, necessitam ser provados pelo credor, ainda que o art. 389 estabeleça que

> *"Não cumprida a obrigação, responde o devedor por perdas e danos"*,

Trata-se a hipótese de princípio de prova, não bastando que o credor mostre que o fato seja capaz de produzir dano; é preciso que prove o dano concreto.

Da mesma forma, os lucros cessantes, para serem indenizáveis, devem ser fundados em bases seguras, não se levando em conta os interesses hipotéticos, as esperanças desfeitas ou os danos abstratos, sendo esta a razão de o texto legal referir-se àquilo que *"razoavelmente deixou de lucrar"*.

Assim, *"descumprir uma obrigação não envolve necessariamente a conseqüência de que o credor haja sofrido prejuízos indenizáveis, pois o que é necessário, imperioso, indeclinável, é provar-se, cabalmente, que o prejuízo se verificou. Nas ações de indenização não basta sequer a prova genérica do dano, isto é, do fato do qual ele pode provir; é essencial a prova específica de que ele realmente se deu"*.[128] De outra parte, não basta a simples possibilidade teórica de realização de lucros futuros, devendo existir uma razoável probabilidade objetiva, *"que resulte do curso normal das coisas e das circunstâncias do caso concreto"*.[129]

---

[128] RF 97/124.

[129] ALVIM, Agostinho. *Da inexecução das obrigações e suas conseqüências*. 4. ed. São Paulo: Saraiva, 1972. p. 146.

Reiterando o entendimento até agora apontado, o art. 403 preceitua que, *"ainda que a inexecução resulte de dolo do devedor, as perdas e danos só incluem os prejuízos efetivos e os lucros cessantes por efeito dela direto e imediato, sem prejuízo do disposto na lei processual"*. Trata-se da teoria do dano direto ou imediato.

Quis o legislador, no art. 403, fixar a limitação das perdas e danos, mesmo no caso de dolo do devedor, se os prejuízos efetivos e os lucros cessantes decorrerem da inexecução da obrigação. Assim, cessada a causa, cessam também seus efeitos, pois a indenização só poderá incluir os prejuízos e lucros cessantes por efeito direto e imediato da inexecução da obrigação. Trata-se do princípio da causalidade imediata e exclusiva, em que se deve buscar a relação de causa e efeito.

Na lição de Orlando Gomes, *"para que o ato ilícito seja fonte de obrigação de indenizar, é preciso que exista uma relação de causa e efeito entre a ação e o dano. A essa relação chama-se nexo causal... Pelo critério da causalidade imediata considera-se causa do dano o fato de que deriva mais proximamente... A exigência do requisito de imediatez permite que se excluam os danos indiretos e remotos... O nexo causal se estabelece entre o dano e o fato que foi sua causa necessária, isto é, direta, no sentido de que não pode ser atribuída a outra"*.[130]

A matéria relativa ao ato ilícito e suas conseqüências apresenta-se melhor tratada no livro 1 desta Coleção, que trata da Parte Geral do Código.

Correção Monetária, Juros, Custas e Honorários Advocatícios

Seguindo a mesma construção do art. 389, o art. 404 estabelece que

> *"As perdas e danos, nas obrigações de pagamento em dinheiro, serão pagas com atualização monetária segundo ín-*

[130] GOMES, Orlando. *Obrigações*. Rio de Janeiro: Forense, 1961. p. 193.

dices oficiais regularmente estabelecidos, abrangendo juros, custas e honorários de advogado, sem prejuízo da pena convencional".

Na verdade, a legislação atual corrigiu uma injustiça havida na anterior, que somente previa a aplicação de juros, custas e pena convencional caso estipulado.

Determinando a atualização monetária, o legislador permitiu que, justamente, se atualizasse o valor real da moeda à data da execução da obrigação. A lei fixou o teto dessa aplicação segundo índices oficiais regularmente estabelecidos e ainda previu cálculo de juros e de custas e honorários advocatícios, estes últimos no caso de o credor necessitar dirigir-se ao Judiciário para obter as perdas e danos do credor, visando reembolsá-lo do que despendeu em decorrência de uma providência judicial.

Na composição das perdas e danos, o art. 404 admite também a aplicação de pena convencional (art. 408), ou seja, multa e, uma vez provado que os juros da mora não cobrem o prejuízo, e não havendo pena convencional, pode o juiz conceder ao credor indenização suplementar.

O que pretende o legislador é recompor o patrimônio do lesado, restabelecendo o equilíbrio que se perdeu em razão do inadimplemento da obrigação.

Multa

Como se infere da leitura do art. 404, em se tratando de multa, a lei permite seja cominada, além da atualização monetária e juros, pena convencional.

Na legislação anterior, considerando a inexistência de previsão de atualização monetária, a pena convencional funcionava tal qual a própria atualização, uma vez que terminava por corresponder ao resultado da aplicação dos índices de correção monetária estabelecidos pela autoridade competente, tendo em vista a desvalorização do poder aquisitivo da moeda.

A atual legislação, ao prever expressamente a atualização monetária, independentemente da pena convencional, não proíbe seja ela cominada, desde que tal pena haja sido convencionada pelas partes em contrato.

Nos contratos de abertura de crédito, é proibida a cumulação de comissão de permanência com multa moratória, como vem decidindo a jurisprudência de nosso Superior Tribunal de Justiça, no sentido de que "*existência de cláusula permitindo a cobrança de comissão de permanência com suporte na Lei 4.595/64 c/c a Resolução 1.129/86-BACEN, com a concomitante previsão contratual de multa por inadimplência, reconhecida nas instâncias ordinárias, exclui a comissão de permanência, de acordo com as normas pertinentes à espécie*".[131]

É do mesmo Superior Tribunal de Justiça a Súmula 30, com o seguinte texto: "*A comissão de permanência e a correção monetária são inacumuláveis*".[132]

[131] REsp 476663, DJ 24/03/2003, p. 00238.
[132] DJ 18/10/1991, p. 14591.

21

Dos Juros Legais

Conceito

No ensinamento de Lacerda de Almeida, *"os juros são uma compensação que aufere o credor pela privação em que fica e também pelo risco que corre com o empréstimo de seu capital: sob este aspecto pode-se dizer que os juros de qualquer espécie são compensatórios. Mas pode acontecer que os juros não representem essa compensação, mas antes constituam sob uma forma precisa e fixa o equivalente legal das perdas e danos que nas dívidas de dinheiro ou coisa fungível podem resultar da mora do cumprimento da obrigação: chama-se então moratórios, por isso que são devidos pela mora".*[133]

Os juros são sempre compensatórios, justamente porque têm como fundamento a privação do uso de elemento que integra o

[133] ALMEIDA, Galeno Lacerda de. *Obrigações*. Rio de Janeiro: Forense, 2002. p. 176-177.

patrimônio de alguém. No caso da privação decorrer de contrato de mútuo, por exemplo, em que o mutuário adimple a obrigação no prazo pactuado, os juros são conhecidos como compensatórios. Se o mutuário não restitui o dinheiro no prazo estabelecido, passam a denominar-se moratórios, a partir do instante em que o mutuário é constituído em mora. Também se denominam juros moratórios aqueles que têm origem em indenização por ato ilícito.

O art. 405 traz uma importante regra segundo a qual os juros de mora contam-se desde a citação inicial. Quer dizer que, uma vez proposta a ação para obter as perdas e danos, citado o réu, dá-se início à contagem dos juros de mora para a composição do crédito.

Limites para a Fixação

No art. 406, tem-se que

> "*Quando os juros moratórios não forem convencionados, ou o forem sem taxa estipulada, ou quando provierem de determinação da lei, serão fixados segundo a taxa que estiver em vigor para a mora do pagamento de impostos devidos à Fazenda Nacional*".

A lei estabeleceu um limite para a fixação da taxa dos juros, utilizando, para tanto, a aplicação da mesma taxa utilizada no pagamento, em mora, dos impostos devidos à Fazenda Nacional, isso no caso de não terem sido convencionados ou indicada sua taxa.

Note-se, portanto, que os juros, a teor do art. 404, são sempre devidos no cálculo das perdas e danos, ainda que não tenham sido convencionados ao tempo do estabelecimento da obrigação.

Por outro lado, *"se a permissão de juros há de ser regra, nem por isso há de o Estado permitir os juros extorsivos que levam à exploração do trabalho humano para a ganância dos usuários"*.[134] Assim, o que se

---

[134] MIRANDA, Francisco Cavalcanti Pontes de. *Tratado de direito privado*. 2. ed. Rio de Janeiro: Borsoi, 1958. t. 24, p.18.

quer impedir é a prática do crime de usura ou contra a economia popular (Decreto 22.626, de 07/04/1933; Lei 1.521, de 26/12/1951).

De acordo com a Súmula 12 do STJ, *"em desapropriação, são cumuláveis juros compensatórios e moratórios"*. E a razão está no fato de que são distintos os seus fundamentos, ou seja: os moratórios são devidos pelo atraso no pagamento da indenização; os compensatórios destinam-se a cobrir lucros cessantes, nos caso de ocupação antecipada do imóvel pelo Poder Público.

De outra parte, conforme art. 407,

> *"Ainda que se não alegue prejuízo, é obrigado o devedor aos juros da mora que se contarão assim às dívidas em dinheiro, como às prestações de outra natureza, uma vez que lhes esteja fixado o valor pecuniário por sentença judicial, arbitramento, ou acordo entre as partes"*.

Estando, pois, fixados por sentença, arbitramento ou acordo entre as partes, os juros da mora são devidos, independentemente da alegação de prejuízo.

O Superior Tribunal de Justiça, ao examinar questão relativa a juros bancários cobrados na vigência do contrato, entendeu: *"Se a taxa média de mercado, numa determinada operação bancária, é de 10% ao mês, e o banco contrata uma taxa de 20%, sem que o mutuário represente uma taxa adicional de risco ou tenha outra particularidade que onere o contrato, então é abusivo"*.[135]

---

[135] REsp 271214/RS, DJ 04/08/2003, p. 216.

22

Da Cláusula Penal

Conceito, Características e Efeitos

O art. 409 estabelece que

> *"A cláusula penal estipulada conjuntamente com a obrigação, ou em ato posterior, pode referir-se à inexecução completa da obrigação, à de alguma cláusula especial ou simplesmente à mora".*

Trata-se, pois, de disposição decorrente da vontade das partes, na qual, na falta de cumprimento, total ou parcial, das obrigações estabelecidas no contrato, a parte inadimplente se sujeita ao pagamento da pena. É, portanto, *"uma estipulação acessória pela qual uma pessoa, a fim de reforçar o cumprimento da obrigação, se compromete a satisfazer certa prestação indenizatória, seja ela uma prestação em dinheiro ou de* *outra natureza, como a entrega de um objeto, a realização de um serviço ou a abstenção de um fato (*RT *172:138;* RF *146:254, 120:18), se não cumprir o devido ou o fizer tardia ou irregularmente, fixando o valor das perdas e danos devidos à parte inocente em caso de inexecução contratual".*[136]

A cláusula penal caracteriza-se por sua acessoriedade (depende da existência da obrigação principal – art. 409), condicionalidade (o dever de pagar está condicionado à inexecução da obrigação ou a seu retardamento – art. 409), compulsoriedade (tem caráter intimidatório ao cumprimento da obrigação), subsidiariedade (porque pode substituir a obrigação, se o credor preferir – art. 410), ressarcibilidade (quando se prefixar as perdas e danos) e imutabilidade relativa (porque pode ser alterada pelo juiz – art. 413).[137]

Os efeitos da cláusula penal ocorrem a partir do descumprimento culposo das obrigações ou de alguma obrigação pactuada, ou, ainda, se o devedor estiver constituído em mora, em razão do retardamento da execução da obrigação (art. 408).

Assim, em caso de inadimplemento inimputável do devedor, como acontece na hipótese do art. 393 e parágrafo único (caso fortuito ou força maior), não há que ser aplicada a cláusula penal, posto que o pressuposto de sua aplicação reside na culpa do devedor ou no retardamento do cumprimento da obrigação (mora).

Cláusulas Penais Compensatória e Moratória

A cláusula penal pode ser de duas espécies: compensatória ou moratória.

É tida como compensatória quando é estipulada no caso de inadimplemento total (art. 410), ou seja, inexecução total da obriga-

[136] DINIZ, Maria Helena. *Curso de direito civil brasileiro* – Teoria geral das obrigações. 11. ed. atual. São Paulo: Saraiva, 1997. v. 2, p. 384.

[137] *Ibid.*, p. 393.

ção. Nesse caso, fica a critério do credor exigir o pagamento do valor estipulado na cláusula penal ou as perdas e danos.

Já com a cláusula penal moratória, aplicável em casos de mora, ou seja, retardamento do cumprimento da obrigação, o credor pode exigir o pagamento da multa simultaneamente ao cumprimento da obrigação (art. 411), ou com as perdas e danos decorrentes do inadimplemento (art. 404).

O art. 410, ao tratar de cláusula penal para o caso de total inadimplemento da obrigação, cria a hipótese de prefixação das perdas e danos pela inexecução da obrigação ou pelo retardamento em seu cumprimento, não sendo necessário que o credor alegue prejuízo para exigir a pena convencional, como dispõe o art. 416, *caput*.

Destarte, se não há convenção expressa no contrato, ainda que o prejuízo exceda ao previsto na cláusula penal, não pode o credor exigir indenização suplementar. Todavia, havendo estipulação expressa, a pena vale como mínimo da indenização, competindo ao credor provar o prejuízo excedente, conforme estabelece o parágrafo único do art. 416.

O art. 410 atende, particularmente, à inexecução, ao declarar que a pena se converte em alternativa, a benefício do credor. Quer dizer que a este cabe o direito de escolher entre a exigência da pena ou da obrigação principal. Escolhida a pena, desaparece a obrigação originária, e com ela o direito de pedir perdas e danos, como ensina Clóvis Beviláqua.[138]

Em caso de estipular-se a cláusula penal para o caso de mora, ou em segurança especial de outra cláusula determinada (art. 411),

> *"terá o credor o arbítrio de exigir a satisfação da pena cominada, juntamente com o desempenho da obrigação principal".*

Trata-se de uma sanção para o caso de mora, ou seja, o retardamento do cumprimento da obrigação, e não mais por sua inexecução, daí por que se diz tratar-se de cláusula penal moratória. A alternativa

---

[138] BEVILÁQUA, Clóvis. *Código Civil comentado*. 10. ed. Rio de Janeiro: Francisco Alves, 1955. v. 4, p. 65.

legislativa é no sentido de que o credor terá o arbítrio de exigir a satisfação da pena cominada, juntamente com o desempenho da obrigação principal.

Limites na Fixação da Cláusula Penal

Como acentua Aguiar Dias, a cláusula penal, "previne as longas controvérsias que podem surgir na liquidação dos danos, sem possibilidade de prova em contrário", podendo, só em casos restritos, *"por medida de eqüidade ou em atenção 'à moralidade dos contratos' ser reduzida"*,[139] princípio este em consonância com o moderno espírito da boa-fé objetiva e da função social do contrato.

De acordo com o art. 412,

> *"O valor da cominação imposta na cláusula penal não pode exceder o da obrigação principal."*.

É que a cláusula penal tem relação direta com o valor da obrigação principal. Portanto, o contrato que estabelecer tal cláusula não pode omitir-se quanto ao valor da obrigação, sob pena de nulidade da referida cláusula.

A limitação imposta pelo art. 412, na doutrina de Silvio Rodrigues, tem sua razão de ser, porque *"o intuito da cláusula é indenizar danos resultantes do inadimplemento; como a indenização não deve ultrapassar o montante do prejuízo; como em tese, o prejuízo não excede o montante da prestação sonegada; o preceito se inspira em preocupação justa"*.[140]

Pelo Código de Defesa do Consumidor (art. 52, § 1º, alterado pela Lei 9.298/1996),

---

139 DIAS, José de Aguiar. *Op. cit.* v. 1, p. 112.

140 RODRIGUES, Silvio. *Direito civil* – Parte geral das obrigações. 4. ed. São Paulo: Saraiva, 1973. v. 2, p. 97.

"as multas de mora decorrentes do inadimplemento de obrigações no seu termo não poderão ser superiores a 2% do valor da prestação".

Nos casos de mútuo (Decreto 22.626, de 07/04/1933, art. 9º); nas promessas de compra e venda de imóvel loteado e, se urbano, nas cessões de compromisso e nas promessas de cessão (Decreto-Lei 58, de 10/12/1937, art. 11, *f*; Lei 6.766, de 19/12/1979, art. 26, V); nas cédulas hipotecárias (Decreto-Lei 70, de 21/11/1966, art. 34, I); nos títulos de crédito rural (Decreto-Lei 167, de 14/02/1967, art. 71; nos títulos de crédito industrial (Decreto-Lei 413, de 09/01/1969, art. 58); nos títulos de crédito para exportação (Lei 6.313, de 16/12/1975, c/c art. 58 do Decreto-Lei 413, de 09/01/1969), as multas não podem ser superiores a 10% do montante do débito.

Nos condomínios edilícios, quando não for feito o pagamento de sua contribuição, a multa será de até 2% sobre débito (art. 1.336, § 1º); para outras infrações (art. 1.336, II a IV) o pagamento será da multa prevista no ato constitutivo ou na convenção, não podendo ser superior a cinco vezes o valor de suas contribuições mensais; ou ainda, se o condômino não cumprir reiteradamente os seus deveres perante o condomínio, poderá ser constrangido a pagar multa correspondente até ao quíntuplo do valor atribuído à contribuição para as despesas condominiais (art. 1.337).

Cláusula Penal e o Cumprimento Parcial da Obrigação

Quando a multa é excessiva, isto é, supera o valor da obrigação principal, e como há norma de ordem pública (art. 412), cumpre sua redução nos limites da lei, conforme estabelece a 2ª parte do art. 413, no sentido de que a penalidade deve ser reduzida eqüitativamente pelo juiz *"se o montante da penalidade for manifestamente excessivo, tendo-se em vista a natureza e a finalidade do negócio".*

Na mesma hipótese legal, tem-se que (art. 413, 1ª parte)

"A penalidade deve ser reduzida eqüitativamente pelo juiz se a obrigação principal tiver sido cumprida em parte".

Tem-se, pois, que a eqüidade e a justiça social, como sustentáculos do moderno direito civil, implicam restringir a liberdade contratual, como assim se infere do art. 421, onde se estabelece que

"A liberdade de contratar [melhor seria contratual] *será exercida em razão e nos limites da função social do contrato",*

na busca, no caso da cláusula penal e sua redução, da própria utilidade dessa cláusula, ou seja, a de determinar precisamente o valor dos prejuízos.

A jurisprudência tem-se orientado no sentido de que o julgador possui autorização legal para proceder à redução do percentual estipulado a título de cláusula penal para patamar justo, com o objetivo de evitar o enriquecimento ilícito de uma das partes contratantes e o prejuízo da outra (REsp 233643, de 10/06/2002) ou, ainda, que o julgador pode reduzir o percentual fixado a título de cláusula penal no instrumento contratual de promessa de compra e venda, quando o valor avençado acarretar excessiva onerosidade ao promissário-comprador e propiciar o enriquecimento sem causa do promitente-vendedor (REsp 330017, de 18/02/2002).

Efeitos da Cláusula Penal nas Obrigações Divisíveis e Indivisíveis

O art. 414 institui que

> *"Sendo indivisível a obrigação, todos os devedores, caindo em falta um deles, incorrerão na pena; mas esta só se poderá demandar integralmente do culpado, respondendo cada um dos outros somente pela sua quota".*

E, o parágrafo único do art. 414,

> *"Aos não culpados fica reservada a ação regressiva contra aquele que deu causa à aplicação da pena".*

e, pelo art. 415,

> *"Quando a obrigação for divisível, só incorre na pena o devedor ou o herdeiro do devedor que a infringir, e proporcionalmente à sua parte na obrigação".*

23

Das Arras ou Sinal

Conceito

Arras ou sinal, como já indica o próprio nome, é o sinal em dinheiro, ou outro bem móvel representando valor, que se dá para indicar que o contrato está concluído, ou assegurar a execução do mesmo.

As arras podem ser de duas espécies: confirmatórias e penitenciais. A regra é serem as arras confirmatórias; as penitenciais são a exceção que há de ser expressamente estipulada.

Arras Confirmatórias

São arras confirmatórias o sinal que se dá por uma das partes, sem cláusula expressa de arrependimento. Funciona como princípio de pagamento e presunção de acordo final, indicando que o contrato está definitivamente concluído entre as partes.

Desse modo, dispõe o art. 417, no sentido de que,

> *"Se, por ocasião da conclusão do contrato, uma parte der à outra, a título de arras, dinheiro ou outro bem móvel, deverão as arras, em caso de execução, ser restituídas ou computadas na prestação devida, se do mesmo gênero da principal".*

Assim, uma vez concluído o negócio jurídico, aquele que prestou as arras pode recebê-las de volta ou computá-las na prestação devida, se do mesmo gênero da principal. O comprador de um imóvel que dá um sinal em dinheiro pode computar o valor referente ao sinal no preço final do negócio, ou receber as arras, como restituição, dependendo da vontade das partes no momento da contratação.

As arras confirmatórias, em geral, funcionam como princípio de pagamento no negócio jurídico e presunção de acordo final, indicando que o contrato está devidamente concluído entre as partes.

Os negócios jurídicos, cujas arras são confirmatórias, não prevêem o direito a arrependimento. Assim, no caso de inadimplemento da obrigação, se aquele que deu as arras for responsável pela impossibilidade do adimplemento, e, com isto, dá causa à resolução do contrato, responde por indenização, além da perda das arras.

É como estabelece do art. 418, em sua primeira parte, ao prever que,

> *"Se a parte que deu as arras não executar o contrato, poderá a outra tê-lo por desfeito, retendo-as".*

E a parte inocente pode pedir indenização suplementar, se provar maior prejuízo, valendo as arras como taxa mínima. Pode, também, a parte inocente exigir a execução do contrato, com as perdas e danos, valendo as arras como o mínimo da indenização (art. 419).

No caso de ser o recebedor das arras o responsável pelo inadimplemento da obrigação, há indenização para a parte inocente (aquele que deu as arras), que poderá exigir a devolução das arras mais o equivalente, ou seja, exigir a devolução em dobro, em valores atualizados, além de outras verbas despendidas, em caso da propositura de ação judicial.

É o que consta do art. 418, segunda parte:

> "*se a inexecução for de quem recebeu as arras, poderá quem as deu haver o contrato por desfeito, e exigir sua devolução mais o equivalente, com atualização monetária segundo índices oficiais regularmente estabelecidos, juros e honorários de advogado*".

O Superior Tribunal de Justiça decidiu que, em caso de arrependimento da compradora de imóvel, as arras são simplesmente confirmatórias e servem apenas para o início de pagamento do preço ajustado e, por demasia, para confirmar o contrato, seguindo a velha tradição do direito romano no tempo em que o simples acordo, desvestido de outras formalidades, não era suficiente para vincular os contratantes. O arrependimento da promitente-compradora só importa em perda das arras se estas foram expressamente pactuadas como penitenciais, o que não se verifica na espécie.[141]

Arras Penitenciais

As arras penitenciais são as convencionadas no negócio jurídico, mediante entrega de dinheiro ou outra coisa móvel de valor econômico, permitindo o contrato o direito de arrependimento para qualquer das partes.

Tendo as partes convencionado o direito de arrependimento, assumindo as arras o caráter penitencial, é porque quiseram elas "*fazer resolúvel o contrato, atenuando-lhe, destarte, a força obrigatória*".[142]

No art. 420, 1ª parte, tem-se que

[141] REsp 110528/MG, DJ 01/02/1999, p. 199.
[142] MONTEIRO, Washington de Barros. *Op. cit.* v. 1, p. 45.

"as arras ou sinal terão função unicamente indenizatória",

se no contrato for estipulado o direito de arrependimento para qualquer das partes. Já, na segunda parte desse artigo,

> *"Neste caso, quem as deu perdê-las-á em benefício da outra parte; e quem as recebeu devolvê-las-á, mais o equivalente. Em ambos os casos não haverá direito a indenização suplementar".*

Tanto na hipótese do art. 420 como também na previsão do art. 419 cria-se uma válvula para indenizar, independentemente das arras, que valerão como mínimo da indenização. A lei exige, no entanto, que a parte inocente prove o prejuízo, para exigir além das arras.

Parte II

DA RESPONSABILIDADE CIVIL

24

Introdução à Responsabilidade Civil

Disposições Gerais

O instituto da responsabilidade civil tem origem na própria exigência natural da vida em sociedade. Quer dizer que toda ação ou omissão voluntária, negligência ou imprudência que viole direito e cause dano a outrem, de ordem patrimonial ou moral, investe o lesado de poderes para a defesa dos interesses violados, surgindo o direito à reparação.

Tem-se, pois, que o pressuposto da responsabilidade civil é o dano que corresponde a uma lesão de direito, material ou moral.

O dano necessita ser demonstrado, devendo constatar-se que o evento danoso ou resultado lesivo resultou da conduta do agente (ação ou omissão) apresentando-se, nesse momento, o nexo causal para que nasça a responsabilidade do lesante.

Para que exista a responsabilidade civil, deve-se, pois, apurar três requisitos: ação lesiva, dano e nexo causal, ou vínculo.

A responsabilidade civil deve ser examinada, portanto, sob duas óticas: a do agente que causa o dano e a do lesado que sofre o dano.

Sob a ótica do agente, a responsabilidade civil nasce em decorrência da máxima de que a ninguém se deve lesar, cabendo-lhe, assim, sofrer os ônus de seu comportamento, para o restabelecimento da ordem jurídica.

Sob a ótica do lesado, busca-se a recomposição de seu patrimônio ou a compensação pelos seus sofrimentos, ou ambos de acordo com o caso.

As ações lesivas ou antijurídicas podem resultar de vínculo contratual, obrigacional ou não.

No primeiro caso, tem-se a responsabilidade contratual resultante do feixe de obrigações que se estabelece entre as partes contratantes ou da obrigação. No segundo caso, trata-se da responsabilidade extracontratual que nasce em decorrência de certos fatores que serão examinados neste Capítulo.

Breve Histórico

As idéias de repulsa ao dano e responsabilização do agente têm suas raízes no direito natural.

Como ensina Carlos Alberto Bittar, *"a nível legislativo, verifica-se que a obrigação de reparação de danos a pessoas e a coisas já figurava em textos normativos pioneiros, como os dos hebreus e dos gregos, o Código de Hamurabi, o Código de Manu e a referida Lei das XII Tábuas* [o autor recomenda sobre esta última a leitura do estudo específico de Silvio Meira, A Lei das XII Tábuas]. *No Direito Romano, onde também presentes estavam as noções referidas, a institucionalização de um sistema reparatório operou-se com a* Lex Aquilia de damno, *em que se estratificou a figura do* damnum injuria datum [daí advém a expressão "responsabilidade aquiliana" com que ainda se distingue a originária de situação extracontratual, conforme notas do autor]. *Transmudava-se, então, em regras concretas o princípio referido, trabalhado depois pela atuação dos pretores, com a qual se alargou o respectivo espectro".*[143]

O referido doutrinador acrescenta que, na órbita civil, a penetração da teoria da responsabilidade civil se deu pelos Códigos e por leis especiais, principalmente as relativas a atividades perigosas.

RESPONSABILIDADE CONTRATUAL E EXTRACONTRATUAL. PRINCÍPIOS

A responsabilidade contratual decorre da inexecução de qualquer uma das obrigações resultantes do contrato, o que dá ensejo à reparação civil, desde que não tenha sido originada de caso fortuito ou de força maior, como vimos no capítulo referente ao inadimplemento das obrigações (art. 393 e parágrafo único).

Na responsabilidade extracontratual, também conhecida como delitual ou aquiliana, a culpa do agente ou sua presunção nos fatos ilícitos e o risco decorrente da exploração de atividades perigosas são seus fundamentos.

A responsabilidade extracontratual é considerada subjetiva quando resultar de ação ou omissão lesiva a uma pessoa, decorrente de culpa efetivamente demonstrada, ou de sua presunção. No caso de presunção, o art. 932 estabelece a responsabilidade dos pais, tutores, curadores, empregador ou comitente, donos de hotéis etc.

Quanto à primeira hipótese, caberá ao lesado demonstrar que o autor do dano quis ou contribuiu para o resultado com atitude omissiva, comissiva, negligente ou imprudente.

De outra parte, o Código de Defesa do Consumidor (Lei 8.078, de 11/09/1990), cuidando de responsabilidade subjetiva do agente causador do dano, contém norma (art. 6º) que possibilita a in-

[143] BITTAR, Carlos Alberto. *Reparação civil por danos morais*. São Paulo: Revista dos Tribunais, 1992. p. 117-118.

versão do ônus da prova em relação à pessoa lesada, isto é, pressupõe que a alegação do lesado seja verossímil, observando Bittar a tendência para a objetivação da responsabilidade, como tônica da legislação especial em nosso século.[144]

E o art. 931 do Código Civil estabeleceu que

> *"os empresários individuais e as empresas respondem independentemente de culpa pelos danos causados pelos produtos postos em circulação".*

Trata-se de responsabilidade objetiva, como se verá a seguir, sendo certo que o Código Civil acompanhou a tendência mencionada por Bittar quanto à responsabilidade, sem que se necessite de um juízo de valor, tornando mais cômoda a posição do lesado no litígio.

A responsabilidade será objetiva quando ocorrerem alguns fatos previstos em lei independentemente de culpa, dentre os quais as atividades perigosas. Nesses casos, a responsabilidade advém do simples fato do exercício da atividade. *"Prospera, então, a idéia de que* ubi ius, ibi emolumentum*: nesse sentido, se a pessoa retira proveito de riscos trazidos ao mundo fático, deve arcar com os ônus correspondentes, indenizando eventuais vítimas. Afasta-se, pois, a idéia de culpa, contentando-se a lei com a de risco".*[145]

Exemplo de responsabilidade decorrente do risco tem-se com as atividades de transporte (Lei 2.681, de 1912, Decreto 15.673, de 07/07/1930 e Portaria Ministerial 575, de 23/11/1939, regulando a responsabilidade civil das estradas de ferro e o Regulamento Geral dos Transportes; Código Brasileiro do Ar, Decreto-Lei 483, de 08/06/1938, Lei 4.221, de 08/05/1963, Decreto-Lei 32, de 18/11/1966; Convenção relativa aos danos causados a terceiros na superfície por aeronaves estrangeiras – Decreto 52.019, de 20/05/1963), com os acidentes de trabalho (Decreto-Lei 7.036, de 10/11/1944, Regulamento da Lei de Acidentes do Trabalho aprovado pelo Decreto 18.809,

---

[144] BITTAR, Carlos Alberto. *Reparação civil por danos morais*. São Paulo: Revista dos Tribunais, 1992. p. 135.

[145] *Ibid.*, p. 133.

de 05/06/1945, Lei 599-A, de 26/12/1948, Lei 2.249, de 26/6/1954, e Lei 5.316, de 14/09/1967).

Da Obrigação de Indenizar

O art. 927 estabelece que

> *"Aquele que, por ato ilícito (arts. 186 e 187), causar dano a outrem, fica obrigado a repará-lo".*

A reparação pressupõe, portanto, a existência do ato ilícito tratado nos arts. 186 e 187 do Código Civil, ou seja, a prática ou omissão voluntária de ato, a negligência ou imprudência que violem direito e causem dano a outrem, tanto patrimonial como moral.

Há, ainda, o reconhecimento de ato ilícito quando o titular de um direito, ao exercê-lo, excede manifestamente os limites impostos pelo seu fim econômico ou social, pela boa-fé ou pelos bons costumes.

A matéria relativa ao ato ilícito, prevista nos arts. 186 e 187, encontra-se melhor tratada no livro que cuida da Parte Geral do Código Civil, e que faz parte desta coleção.

Assim, neste Capítulo se trarão apenas algumas noções para dar sentido à obrigação de indenizar, já que referida obrigação nasce da prática do ato ilícito.

Na forma do que estabelece o art. 186, não basta somente a violação do direito para caracterizar o dever de indenizar. O legislador acrescentou, aditivamente, à figura da violação ao direito a ocorrência de dano.

É que o instituto da responsabilidade civil visa reparar dano, ou seja, obrigar o lesante à satisfação do prejuízo ao lesado, tanto se a ofensa atingir a esfera patrimonial como moral do lesionado. Dano e prejuízo são, pois, faces de uma mesma moeda.

De acordo com o art. 186, também comete ato ilícito o titular de um direito que, ao exercê-lo, excede os limites impostos pelo fim econômico e social do contrato, pela boa-fé ou pelos costumes.

Assim, portanto, de acordo com a norma do art. 186, predomina o interesse coletivo em relação ao individual, prevalecendo a probidade, a ética nas relações, a boa-fé objetiva, traduzida na manifestação do comportamento das partes quanto à responsabilidade de quem declara e a confiança de quem recebe, sendo certo que, havendo excesso nesses limites, aponta-se para a ocorrência de ato ilícito. A hipótese também contempla o que se chama de abuso de poder.

Como norma geral, o que se tem é que aquele que cometer um ato ilícito em detrimento de outrem, causando-lhe dano, fica obrigado a repará-lo, e esta reparação independerá de culpa nos casos especificados em lei ou quando a atividade normalmente desenvolvida pelo autor do dano implicar, por sua natureza, risco para os direitos de outrem, como consta do parágrafo único do art. 927.

Trata-se da teoria do risco prestigiada no Código Civil, que, como vimos, implica a responsabilidade objetiva em decorrência da culpa presumida em lei (art. 932) e das atividades que envolvem risco, sem necessidade de se provar a culpa.

Da teoria do risco resultam duas categorias de responsabilidade: pura e impura.

A responsabilidade será pura quando o caso em concreto decorre de legislação que assim a admita, implicando ressarcimento, mesmo que não haja culpa de quaisquer dos envolvidos. A indenização resulta da própria lei, não havendo direito de regresso.

Ensina Álvaro Villaça de Azevedo, a propósito, que *"tal ônus, e tão pesado, não pode surtir de interpretação e de decisões judiciais, o que, além da insegurança, no âmbito obrigacional, traria riscos imprevistos e incontornáveis aos interessados"*.[146]

A responsabilidade impura está assentada na culpa de terceiros, vinculada à atividade do responsável.

[146] AZEVEDO, Álvaro Villaça. *Op. cit.* p. 261.

Da Responsabilidade do Incapaz

No art. 928, tem-se que

> *"O incapaz responde pelos prejuízos que causar, se as pessoas por ele responsáveis não tiverem obrigação de fazê-lo ou não dispuserem de meios suficientes".*

A incapacidade de que trata o Código será tanto a absoluta como a relativa (arts. 3º e 4º). A incapacidade está relacionada com o exercício de todos (absoluta) ou de alguns atos (relativa) praticados pelo incapaz. Mas, se ele provocar algum dano a outrem e se as pessoas por ele responsáveis não tiverem obrigação ou não dispuserem de meios suficientes, responderá pelos prejuízos causados com seus próprios meios.

Todavia, o legislador houve por bem estabelecer que a indenização deve ser eqüitativa e não terá lugar se privar o incapaz do necessário ou as pessoas que dele dependam (parágrafo único do art. 928).

É que a própria incapacidade já contém uma restrição natural a impossibilitar o incapaz de satisfazer suas necessidades materiais. Assim, no caso de ser o incapaz responsável pelo prejuízo, devendo por ele responder, a indenização deve ser eqüitativa e não poderá privá-lo do necessário nem às pessoas que dele dependam.

Da Responsabilidade do Autor do Dano, mesmo quando Praticado em Decorrência de Perigo Iminente

Vimos que o direito à reparação surge com a ocorrência do dano. Ocorrendo o dano da coisa, em decorrência de perigo iminente, se a pessoa lesada, ou o dono da coisa deteriorada ou destruída, não forem culpados do perigo, assiste-lhes o direito à indenização do prejuízo que sofreram contra aquele que praticou o dano (art. 929).

Cite-se a exemplo o abalroamento de veículo estacionado, ocorrido por culpa de terceiro que em sentido contrário corria em alta velocidade, obrigando o motorista a realizar manobra rápida que teve como conseqüência o abalroamento do carro estacionado.

A respeito, ensina Aguiar Dias que *"a obrigação de reparar surge da simples violação injusta do* statu quo. *Ora, não é justo que o terceiro, em quem recai o resultado do ato necessário, sofra o prejuízo, para permitir que dele se livre aquele a quem o dano foi dirigido"*.[147]

A lei reserva, no entanto, ao autor do dano ação regressiva para haver a importância que tiver ressarcido ao lesado, se o perigo iminente ocorreu por culpa de terceiro (art. 929).

No exemplo citado, caso tenha o autor conhecimento da placa do carro que provocou a manobra inesperada, terá condições de promover ação regressiva para haver a importância que desembolsou ao lesado, como lhe autoriza a lei.

É do 1º TACivil, a decisão proferida na Apelação Cível 421.676-2, em cujo acórdão consta o seguinte: "No direito brasileiro, a figura do chamado 'estado de necessidade' foi delineada pelas disposições dos arts. 160, inc. II, 1.519 e 1520 (hoje arts. 188, inc. II, 929 e 930) do Código Civil. Embora se declare que danificar coisa alheia a fim de remover perigo iminente não constitui ato ilícito, nem por isso libera-se quem pratica o ato de reparar o prejuízo que causou.

Como já tivemos a oportunidade de afirmar, *'se um motorista, por exemplo, atira o seu veículo contra um muro, derrubando-o, para não atropelar uma criança que, inesperadamente, surgiu-lhe à frente, o seu ato, embora lícito e mesmo nobilíssimo, não o exonera de pagar a reparação do muro. Com efeito, o art. 1.519 do Código Civil* (hoje art. 929) *estatui que, se o dono da coisa (o dono do muro) destruída ou deteriorada não for culpado do perigo, terá direito de ser indenizado. Entretanto, o evento ocorreu por culpa* in custodiendo *do pai da criança, que é o responsável por sua conduta. Desse modo, embora tenha de pagar o conserto do muro, o motorista terá ação regressiva contra o pai do menor, para se ressarcir das despesas efetuadas. É o que expressamente dispõe o art. 1.520 do Código Civil* (atual 930)'.

No caso vertente, a indenização deverá ser paga não para consertar o muro, mas um veículo que se encontrava regularmente es-

---

[147] DIAS, José de Aguiar. *Op. cit.* v. II, p. 709.

tacionado e cujo proprietário nenhuma culpa tem. De acordo com a solução dada a casos dessa natureza pelo nosso diploma civil, não cabe indagar de eventual imprudência do causador direto, que deve indenizar o dano causado ao dono da coisa, ficando, tão-somente, com direito a uma ação regressiva contra quem criou a situação de perigo, ou contra seu responsável legal."[148]

Carvalho Santos, comentando o referido dispositivo legal, após considerar que o autor do dano responde pelo prejuízo que causou, ainda que legitimado pelo estado de necessidade, cabendo-lhe o direito de regresso contra o terceiro, de cuja culpa decorreu o prejuízo que aquele teve de indenizar, destaca que *"sub-roga-se o autor do dano que indeniza, nos direitos da vítima, para exercer o regresso contra o responsável"*.[149]

Esclarecedora também é a lição de Clóvis Beviláqua, cuja visão reflete todo o ordenamento sobre a matéria: *"a idéia do dano ressarcível é, portanto, mais lata do que a de ato ilícito. Todo o ato ilícito é danoso e cria para o agente a obrigação de reparar o dano causado. Mas nem toda a obrigação de ressarcir o dano provém de ato ilícito, de ato praticado sem direito. A força maior, em regra, exclui a responsabilidade do autor dos prejuízos* [art. 1.058, hoje art. 393]*; não a exclui, porém, nos casos de necessidade e de legítima defesa, quando há diminuição do patrimônio do terceiro isento de culpa"*.

Prossegue o autor: *"como se vê, a ordem jurídica impõe um dever geral e predominante de respeitar cada um a esfera de atividade jurídica dos outros. E esse dever é tão imperioso, pela necessidade de manter-se o equilíbrio da organização social, que exige reparação por parte de todo aquele que o viola, ainda quando se considere autorizado, como no caso do direito de necessidade, ou quando a uma sensibilidade jurídica menos apurada pareça que não exceda os limites de seu legítimo poder, como no caso do abuso do poder"*.

A partir dessa lição, já no exame dos arts. 928 e 929, ainda o mesmo mestre explica que *"o estado de necessidade na hipótese prevista*

---

[148] JTACSP 120/167.

[149] SANTOS, João Manoel de Carvalho. *Código Civil brasileiro interpretado*. 4. ed. Rio de Janeiro: Freitas Bastos, 1952. v. 20, p. 210.

pelo princípio do art. 1.520 [hoje art. 930] *é determinado por culpa de terceiro. Agredido por animal alheio, o viandante mata-o. Em virtude da regra estabelecida no art. 1.519* [hoje art. 929] *terá de indenizar o dono do animal, se o mesmo não tiver culpa. Se, porém, a culpa couber a terceiro, que tenha, por exemplo, retirado o animal bravio do lugar, onde se achava guardado, contra o terceiro haverá, o causador do dano, ação regressiva para exigir a importância que tiver pago, porque foi o seu ato imprudente, impensado ou maldoso que, pondo em perigo a vida de outrem, criou a necessidade de sacrificar-se o bem alheio".*[150]

O Código Civil, ao estabelecer, portanto, que aquele que pagou o prejuízo tem ação regressiva contra aquele por culpa de quem se deu o dano, também reconhece no parágrafo único do art. 930 que

> *"A mesma ação competirá contra aquele em defesa de quem se causou o dano (art. 188, inciso I)".*

Responsabilidade dos Pais, Tutores e Curadores

De acordo com o art. 932, são também responsáveis pela reparação civil:

> *"I. os pais, pelos filhos menores que estiverem sob sua autoridade e em sua companhia;*
> *II. o tutor e o curador, pelos pupilos e curatelados, que se acharem nas mesmas condições".*

O que se infere do texto legal é que os responsáveis (pais, tutor ou curador) faltaram ao dever de vigilância a que estavam obrigados sobre o autor do dano. Trata-se da culpa *in vigilando*, que se estabelece contra o pai e conseqüentemente contra quem lhe faz as vezes.

[150] BEVILÁQUA, Clóvis. *Código Civil comentado*. 10. ed. Rio de Janeiro: Francisco Alves, 1953. v. 5, p. 294-295.

Todavia, o texto legal exige que o filho seja menor e que esteja sob a autoridade e companhia do pai. Como ensina Carvalho Santos, na falta do pai, ausência prolongada, interdição etc., a responsabilidade recai sobre a mãe ou a quem esteja incumbido dessa vigilância.[151]

Assim, uma vez comprovada a existência do ato ilícito, do menor, do pupilo ou do curatelado que estejam nas condições estabelecidas pelo art. 932, I e II, a responsabilidade do pai, do tutor ou do curador, que concorre com culpa *in vigilando*, é sempre presumida.

Todavia, como aduz Pontes de Miranda, o genitor somente escapa à incidência do texto legal, *"se prova que não houve de sua parte culpa ou negligência, isto é, que cumpriu com suficiente atenção, o seu dever de vigilância"*.[152]

De acordo com o art. 5º do Código Civil, a menoridade cessa aos dezoito anos completos, quando a pessoa fica habilitada à prática de todos os atos da vida civil.

E o parágrafo único do mesmo artigo estabelece que a incapacidade cessará em relação aos menores pela concessão dos pais, ou de um deles na falta do outro; pelo casamento; pelo exercício de emprego público; pela colação de grau de ensino superior; pelo estabelecimento civil ou comercial; ou pela relação de emprego, desde que em função deles o menor com dezesseis anos tenha economia própria.

Na composição reparatória dos danos, de acordo com o art. 928,

> *"O incapaz responde pelos prejuízos que causar, se as pessoas por ele responsáveis não tiverem obrigação de fazê-lo ou não dispuserem de meios suficientes"*,

observada a regra do parágrafo único do mesmo artigo, como já se comentou.

Se o ressarcimento é efetivado pelo pai, não poderá ele reaver o que pagou, uma vez que o art. 934, em sua segunda parte, assim

---

[151] SANTOS, João Manoel de Carvalho. *Código Civil brasileiro interpretado*. 4. ed. Rio de Janeiro: Freitas Bastos, 1952. v. 20, p. 215-216.

[152] MIRANDA, Francisco Cavalcanti Pontes de. *Tratado de direito privado*. 2. ed. Rio de Janeiro: Borsoi, 1958. t. 53, p. 149-150.

o proíbe, mencionando a hipótese de ser o causador do dano descendente, absoluta ou relativamente incapaz.

São comuns as decisões judiciais no sentido de que, em sendo o menor condutor, por ser púbere, fica caracterizada a responsabilidade do responsável, ou seja, a do pai do menor, por ausência da necessária vigilância, como a que foi proferida na Apelação Cível 557/85 do Tribunal de Justiça do Paraná em que reconheceu a responsabilidade civil e solidária do pai pelo ato ilícito praticado pelo menor púbere. A responsabilidade solidária do genitor, no caso julgado, infere-se do fato provado de que seu filho menor púbere e infrator vivia às suas expensas, trabalhando na oficina mecânica do pai, recebendo mesadas e, portanto, sob suas vistas, significando que o menor vivia em companhia de seu genitor, caracterizando, assim, sua culpa *in vigilando*.

Responsabilidade do Empregador ou Comitente

O inciso III do art. 932 prevê a responsabilidade de

> "*O empregador ou comitente, por seus empregados, serviçais e prepostos, no exercício do trabalho que lhes competir, ou em razão dele*".

A esse respeito, a Súmula 341 do STF estabelece: "*É presumida a culpa do patrão ou comitente pelo ato culposo do empregado ou preposto*".

Trata-se de responsabilidade objetiva, em que a culpa é determinada pela própria lei para responsabilizar o empregador ou comitente por atos de seus empregados, prepostos, serviçais, desde que esteja demonstrada a culpa destes últimos.

A propósito, a lição de Silvio Rodrigues no sentido de que "*o rigor com que se impõe examinar a responsabilidade do preponente deve ser maior do que a severidade com que se deve examinar a dos pais. Isto porque esta não visa precipuamente tirar proveito da atividade de seus filhos menores, enquanto que (sic) o patrão utiliza seu empregado justamente para um fim de seu precípuo interesse. Ao contratá-lo para uma determinada tarefa, seja a de atender o balcão de sua loja, ou a de dirigir o seu automóvel, ou a de cuidar da contabilidade da sua empresa, almeja o amo exatamente poupar-se de um labor ou alcançar um lucro. O patrão cria, desse modo, um risco de que o empregado cause dano a outrem. É justo, portanto, que responda por esse risco se o empregado, agindo culposamente, causar dano a terceiro, mesmo que para tal prejuízo não haja o patrão concorrido com culpa".*[153]

A hipótese do inciso III do art. 932 cuida igualmente de culpa *in vigilando*, ou seja, ligada diretamente à vigilância no exercício do trabalho ou atividade, e assim também de culpa *in eligendo*, ou seja, o dever de bem escolher o empregado. Daí o reconhecimento de culpa do empregador, decorrente de sua própria conduta na falta de vigilância.

Todavia, para que se reconheça a hipótese comentada, exige-se *"a) a culpa do empregado; b) relação de emprego ou de dependência do agente direto do dano para com o patrão, amo ou comitente; c) que o fato danoso do preposto se dê no exercício do trabalho ou por ocasião dele".*[154]

E ainda que o fato decorra de abuso de poder do empregado que exorbitou de suas funções, da mesma forma responderá o empregador, em decorrência dos mesmos princípios já apontados.

De qualquer maneira, a presunção de culpa do preponente por ato de seu preposto somente cede ante a prova em contrário de tal presunção, ou seja, desde que se prove a inexistência de culpa do preposto.

E, de acordo com o art. 934, uma vez provada a culpa do preposto, respondendo o preponente, este poderá reaver o que houver pago daquele por quem pagou.

Jurisprudência

A propósito da matéria, a jurisprudência tem trazido importantes lições, cuja transcrição servirá para ilustrar o tema.

Em acidente de trânsito com atropelamento, causado por empregado da ré no exercício de suas funções, o 1º Tribunal de Alçada

---

[153] RODRIGUES, Silvio. *Responsabilidade civil.* São Paulo: Saraiva 1975. v. 4, p. 75.

[154] *Id.*

de São Paulo, por sua 6ª Câmara, no Agravo de Instrumento n. 658091-0 de 14/5/96, reconheceu a responsabilidade do patrão pelos atos de seu preposto, aplicando-se o antigo art. 1.521, III do Código Civil, hoje 932, III do mesmo Código e a Súmula 341 do Supremo Tribunal Federal.

De acordo com o julgado, a disposição do art. 1.521, III, do Código Civil, hoje 932, III, tem tido aplicação severa, inclusive refletida na Súmula 341 do STF, que confere presunção absoluta à culpa do patrão, e que só seria contornável em caso de uso abusivo do veículo.

O v. acórdão, em sua fundamentação trouxe os seguintes magistérios:

> "Consoante anota Wilson Melo da Silva, '*a jurisprudência, inclusive a do Supremo Tribunal Federal, com uma certa reiteração, tem conceituado a presunção de culpa que pesa sobre o patrão, amo ou comitente, pelo ilícito perpetrado por seu preposto no exercício de suas funções ou por ocasião delas, como sendo uma presunção, não mais apenas* legis tantum, *mas uma verdadeira presunção* legis et de lege, *irrefragável, eqüipolente, por isso mesmo à própria responsabilidade objetiva*'. (Da responsabilidade, cit. p. 290, n. 94).
> Também Arnoldo Wald lembra que a '*atitude dos nossos tribunais é de fato no sentido de não se admitir a prova de que não houve culpa do patrão, uma vez provada a do preposto. A alegada presunção* juris tantum *se transforma assim numa presunção* juris et de jure, *já que o patrão não se pode exonerar de sua responsabilidade alegando que escolheu preposto devidamente habilitado para o exercício da função*'. (Carlos Roberto Gonçalves, p. 115, Responsabilidade civil, ed. Saraiva)"

Em outra oportunidade, o mesmo 1º Tribunal de Alçada Cível de São Paulo, na Apelação Cível 828500 – julgada em 04.10.01 decidiu caso peculiar oriundo de ação de indenização, cuja vítima era empresário autônomo e motorista de ônibus e, ao mesmo tempo, preposto da ré.

A decisão analisou:

a. a relação de preposição;
b. a responsabilidade objetiva relativa ao transporte e
c. a culpa da ré.

Dada a riqueza de discussão que se apresentou no acórdão, cujos debates foram sustentados à luz da lição da doutrina em matéria de responsabilidade civil do empregador, transcreve-se a íntegra da decisão, que é a seguinte:

> "Era o falecido um contratado da requerida. Não era seu empregado, como diz a inicial, mas sim empresário individual, autônomo, como mostram os documentos de fls. 40 e 86. Era o tal 'Zé Goiano', obviamente por ser natural de Goiás (cf. fls. 4), que inclusive emitia nota fiscal de prestação de serviços, especializado que era no transporte rodoviário de pessoas (cf. fls. 86). Já havia trabalhado antes para a 'Usina Dedini' (cf. fls. 140). O ônibus era de propriedade dele como diz a própria viúva, e quando não podia dirigi-lo pagava alguém de seu próprio bolso para fazê-lo, como ressalta a mesma viúva, aquela que em melhor condição estava para saber destes fatos (cf. fls. 138). Há de se afastar, portanto, qualquer tipo de responsabilidade decorrente de relação de emprego, que no caso não existia.
> Resta, assim, examinar a relação de preposição. Era o falecido, sem dúvida, preposto da ré relativamente aos outros transportados. Há de se dar ênfase especial ao vocábulo 'outros' porquanto a distinção entre o motorista em questão e os outros transportados será de nodal importância para se entender a situação fático-jurídica irradiada do acidente. Tal relação de preposição não tem a ver necessariamente com relação de emprego porquanto já decidiu o Egrégio Tribunal de Justiça do Estado que 'Em tema de responsabilidade Civil, a conceituação de preposto desvincula-se de rigorosa vinculação empregatícia'. TJSP, 2ª C., Ap. Rel. Anceto Aliende, j. 7.8.89, RT 532/84 *apud* RUI STOCCO. *Responsabilidade civil e sua interpretação*

jurisprudencial, 3ª ed., 1997, RT, pág. 349, n. 7.3). A caracterização da relação de preposição está na subordinação: "O que fica positivado em doutrina é que a 'subordinação' é requisito essencial, ou mesmo único, entre preponente e preposto (MAZEAUD, n. 882) (*apud* Caio Mário da Silva, ob. cit. p. 93-94)." (ob. cit., pág. 348). E subordinação havia, sem dúvida, porquanto a vítima em questão transportava os empregados da ré por ordem e contratação dela.

A responsabilidade do preponente é objetiva. Leciona CAIO MÁRIO DA SILVA PEREIRA: 'Partindo de que a regra se justifica pela culpa *in eligendo* ou *in vigilando*, envolve a doutrina no rumo da presunção de culpa, e a jurisprudência fixou-se no sentido de que os seus extremos consistem na demonstração do evento danoso, culpa do preposto, e relação de preposição. Daí ser dispensável, na orientação jurisprudencial dominante, a prova da culpa concorrente do empregador. A tendência, que se observa, é da criação da responsabilidade objetiva, com a reparação do dano causado pelo empregado, bastando a ocorrência de lesão e o estabelecimento da relação de preposição. Reversamente, inexistirá obrigação de ressarcir quando a vítima sabe que o ofensor agiu fora do exercício de suas funções' (cf. *Instituições de Direito Civil*, 3ª ed., 1975, Forense, vol. III, págs. 503 e 504).

A responsabilidade é objetiva, contudo, do preponente em face do terceiro, e não do preponente em face do próprio preposto, o que não faria sentido. A responsabilidade em face de terceiros existe porque o preposto é considerado a *longa manus* do preponente. Já decidiu esta Corte: 'Aquele que se faz substituir no exercício das múltiplas funções da empresa responde pelos atos dos que exercem a substituição precisamente porque seu pessoal se considera extensão da pessoa ou órgão principal. Assim, a responsabilidade do patrão pelos atos do preposto só pode ser elidida quando o fato danoso por este praticado não guardar relação alguma com sua condição de empregado". (cfr. RT 667/107 *apud* RUI STOCCO, ob. cit., pág. 349, nota 7.02). Preposto e preponente, portanto, no que concerne à responsabilidade civil de que trata o art. 1.521, III, do Código Civil, são unidades de uma mesma e única realidade jurídica. Não faz sentido algum o preposto acionar, com fulcro no aludido dispositivo, o preponente, por prejuízos sofridos, invocando a relação de preposição. Pode haver fundamento em outra causa de pedir, mas jamais na simples e pura relação de preposição. Esta tem ligação apenas com o terceiro prejudicado. Nenhuma aplicação tem à hipótese, desta forma, a Súmula n. 341 do Pretório Excelso. Não se pode olvidar que o art. 1.521 e seus incisos, do Código Civil, dizem respeito à responsabilidade civil por fato de outrem. Emerge de forma cristalina do mencionado dispositivo a responsabilidade de pais; tutores e curadores; patrão, amo ou comitente; donos de hotéis, hospedarias, casas ou estabelecimentos onde se albergue dinheiro, e os que gratuitamente houverem participado nos produtos do crime, sempre em face de terceiros; nunca entre si. E isto porque, como bem leciona MARIA HELENA DINIZ, 'Há uma presunção legal de culpa de determinadas pessoas se outras praticam atos danosos. A culpa do autor do dano acarretará a da pessoa sob cuja direção se encontrar, pois ela terá o dever de vigilância'. (cf. *Código Civil anotado*. 3ª ed., 1997, Saraiva, pág. 957). Ou como diz CAIO MÁRIO: 'Sem dúvida que o princípio da responsabilidade pelo fato próprio já é uma conquista da civilização jurídica. Mas é insuficiente. A vida social é cada vez mais complexa, e urde situações várias, em que o anseio de justiça ideal não satisfaz proclamar apenas que o indivíduo responde pelo dano que causa. Daí assentar-se um conjunto de preceitos, em virtude dos quais se atenta para o fato da extensão da responsabilidade além da pessoa do ofensor, seja juntamente com este, seja independentemente dele. Diz-se, pois, que há responsabilidade indireta quando a lei chama uma pessoa a responder pelas conseqüências do ilícito alheio'. (cf. ob. cit., pág. 502). O art. 1.521 do Código Civil só faz sentido em face do terceiro prejudicado.

Se a relação de preposição, no caso, não acarreta responsabilidade da ré em face do falecido motorista, responderia a primeira, sem dúvida, em tendo se havido eventualmente com culpa de forma a causar a morte de seu preposto. A responsabilidade, aí, decorreria da aplicação do art. 159 do Código Civil, e não do art. 1.521, III, do mesmo diploma, e seria, desta forma, inteiramente informada pela teoria da culpa.

Insistem os autores, na exordial, na presença de bancos inseguros no interior do ônibus e bem assim na colocação de perigosas ferramentas de trabalho, com foices e facões.

Há de se ressaltar, logo de início, não haver prova de que tais cousas tenham sido a causa eficiente da morte do motorista. Este, aliás, era o único que se sentava em banco que guardava as características da originalidade, o banco do motorista, como se vê das fotografias de fls. 19, 21 e 23, trazidas pelos próprios autores. Não há prova, ainda, de que bancos tenham se desprendido e atingido dito motorista ou de que tenha sido ele ferido por ferramentas de trabalho. Sabe-se que morreu devido a politraumatismos (cf. fls. 45 e vº.). Mais nada. Ainda que se pudesse invocar falta de contestação especificada quanto a esta questão de bancos, está a elidi-la o laudo de fls. 79/83, da Polícia Científica, que em nenhum momento fala em soltura deles. A inicial, de outra parte, também não diz ter sido a vítima atingida por foices ou facões. Cala fundo também o depoimento da testemunha de fls. 139, dos próprios autores, que disse estar sentada em uma das extremidades do banco, perto do motorista. Não disse ter sido atingida por bancos ou ferramentas. Por que o motorista o teria sido? Em suma, não há relação de causa e efeito entre bancos e ferramentas de um lado, e a morte do motorista de outro. A inicial, aliás, em nenhum momento estabelece tal relação. Fala do perigo de tais cousas, evidentemente, não dizendo jamais, todavia, que bancos e ferramentas causaram a morte do motorista. Resta dizer, ainda, ter o ônibus se chocado contra uma parede de concreto do vão de um viaduto (cf. fls. 43); bateu a frente (cf. fls. 81), pelo que é extremamente provável que a causa da morte do motorista tenha sido o choque com a tal parede, e não bancos ou ferramentas.

Mas ainda que se admitisse, para argumentar, tenha a ré ordenado a colocação daqueles bancos inseguros ou permitido o ingresso de ferramentas perigosas (a testemunha de fls. 141 afirmou que a requerida expedia orientação para que ferramentas fossem guardadas embaixo do ônibus, e não junto com os passageiros), e que tenha tudo isso causado a morte do motorista, o certo é que a vítima, José Euripedes de Souza, era o transportador. Era ele o especializado em transporte rodoviário de pessoas, como o dito na nota fiscal que emitiu (cf. fls. 86), tendo, portanto, obrigação de bem conhecer a arte e a técnica de seu ofício. Como admitir, assim, transportasse pessoas de forma absolutamente insegura? Era mero contratado da ré, empresário individual, autônomo, pelo que não se há de falar em temor reverencial que pudesse influenciá-lo ou submetê-lo de alguma maneira. Ainda que se pudesse falar em culpa, pois, seria o caso de se aplicar a teoria da causalidade adequada.

A chamada teoria da causalidade adequada é a teoria norte-americana da causa próxima, *the last clear chance*, em face da qual a parte que teve por último a oportunidade de evitar o dano, não obstante a negligência e imprudência da outra, é responsável pelo evento. A matéria é bem desenvolvida por AGUIAR DIAS, que entende ser tal doutrina adaptável ao direito brasileiro. No lugar da última oportunidade, o que se deve verificar é quem teve a melhor ou mais eficiente oportunidade; quem estava em melhores condições de evitar o dano; de quem teria sido o ato que decisivamente influiu para o dano. Isto, e mais a indagação da idoneidade da culpa na produção do dano, daria, segundo o festejado mestre citado, critério seguro para a solução do problema da concorrência de culpas. Leciona: 'O que se deve indagar é, pois, qual dos fatos, ou culpas, foi decisivo para o evento danoso, isto é, qual dos atos imprudentes fez com que o outro, que não teria conseqüências, de si só, determinasse, completado por ele, o acidente. Pensamos que sempre que seja possível estabelecer inocuidade de um ato, não se deve falar em concorrência de culpa. Noutras palavras: a culpa grave necessária e suficiente para o dano exclui a concorrência de culpas'. (Cf. *Da responsabilidade civil.* 5. ed. Rio de Janeiro: Forense, 1973. t. II, p. 314/315)

Na realidade, a melhor oportunidade de evitar o dano teria sido do motorista do ônibus, um especialista em transporte rodoviário, e não da ré. Sugerisse ela, ou mesmo impusesse ela, aquela forma de bancos ou induzisse ao transporte de ferramentas no interior do coletivo, o motorista e proprietário do ônibus jamais deveria ter se submetido a tais exigências. Não havia razão alguma para a submissão. Bastaria recusar-se a fazer o transporte naquelas condições e tudo estaria resolvido. Está, sem dúvida, eliminada a concorrência de culpas. Não era ele um fabiano sem condições de reagir. Logrou até ser vereador em Porto Ferreira (cf. fls. 41).

Em resumo, embora penosa a situação dos requerentes, digna de comiseração e respeito, por qualquer ângulo que se veja a questão não se conclui pela responsabilidade da requerida em face dos autores, preservado e respeitado, obviamente, o douto entendimento da MM. Juíza sentenciante, de incontáveis predicados, verdadeiro ornamento da Magistratura, e bem assim o excelente trabalho desenvolvido pelos ilustres Procuradores dos autores. Oxalá pudessem contar os desvestidos da sorte, como os suplicantes, com Procuradores de tão alto nível técnico.

Pelo exposto, nega-se provimento ao recurso dos autores mas dá-se provimento ao apelo da ré para julgar improcedente a ação, deixando de carrear aos requerentes os ônus da sucumbência por serem eles beneficiários da assistência judiciária.

Participaram do julgamentos os Juízes
MELO COLOMBI (Revisor)
e VASCONCELLOS BOSELLI.

São Paulo, 04 de outubro de 2001.
SILVEIRA PAULILO
Presidente e relator.

RESPONSABILIDADE DOS HOTELEIROS, HOSPEDEIROS E AFINS

No inciso IV, do art. 932, tem-se que

> "*Os donos de hotéis, hospedarias, casas ou estabelecimentos onde se albergue por dinheiro, mesmo para fins de educação, pelos seus hóspedes, moradores e educandos*",

são responsáveis pela reparação civil pelos seus hóspedes, moradores e educandos.

Na lição de Aguiar Dias, *"o hospedeiro tem, para afastar sua responsabilidade, de provar que os fatos danosos não podiam ser evitados ou, o que é praticamente uma redundância, que ocorreu um caso de força maior, como nas hipóteses de escalada, invasão da casa, roubo à mão armada ou violências semelhantes* [Código Civil art. 1.285; na legislação atual, art. 650]. *Sua obrigação, em tudo idêntica ao do transportador, consiste em restituir o hóspede ou viajante são e salvo ao termo da estada ou hospedagem, de forma que responde pelos danos resultantes: a) da queda do hóspede em conseqüência da má iluminação, dentro do hotel ou em suas dependências externas; b) do roubo sofrido pelo viajante que confia seu automóvel à garagem do hotel...".*[155]

A norma do inciso IV do art. 932 pressupõe que a hospedagem seja remunerada, assim também os demais estabelecimentos ali indicados.

Na Apelação Cível 1571/93 do Tribunal de Justiça do Rio de Janeiro, que examinou danos causados a menor mordido por animal durante estadia no hotel, ficou decidido que se o hotel mantinha os animais sem as cautelas normais para proteção dos hóspedes, especialmente as crianças, responde pela sua negligência, pelos acidentes que eventualmente aconteçam.

Em outro caso, responde pelos danos causados por alunos em prédio, onde funciona a escola, de acordo com o art. 932, IV do Código Civil, o proprietário ou diretor do estabelecimento de ensino, uma vez que, durante o tempo em que os alunos se encontram no estabelecimento, deve a autoridade exercer vigilância.

Ou ainda, responde civilmente o estabelecimento de ensino por acidente sofrido pelo educando que se acha sob sua guarda e proteção, tratando-se de responsabilidade objetiva, *ex vi* do art. 37, § 6º da Constituição Federal, como ficou decidido na Apelação Cível 159100-8 do Tribunal de Justiça de Minas Gerais.

O acórdão aludiu ao teor do art. 932, IV, antigo 1.521, IV, que trata da responsabilidade civil dos educadores, trazendo o ensinamento de Silvio Rodrigues no sentido de que *"a idéia que inspira a norma é a da transparência, para os donos de colégios onde se alberguem estudantes, da responsabilidade que ordinariamente competeria aos pais".*

Entendeu aquele tribunal que acolhendo os estabelecimentos de ensino, por dinheiro, menores para fins educacionais, aos seus proprietários cabe a responsabilidade, a um só tempo, pelos danos causados pelos alunos e se obrigando à vigilância sobre os mesmos, pelos danos a eles causados.

---

[155] DIAS, José de Aguiar. *Op. cit.* p. 388.

Acrescentou aquela decisão que *"tal responsabilidade se assenta no próprio conceito de culpa que, no sentido jurídico, é a omissão da cautela que as circunstâncias exigiam do agente, para que sua conduta, num dado momento, não viesse a criar uma situação de risco e, finalmente, não gerasse dano previsível a outrem"*.

Responsabilidade dos Participantes a Título Gratuito em Produto de Crime

São também responsáveis pela reparação civil os que gratuitamente houveram participado nos produtos do crime, até a concorrente quantia.

A regra se aplica aos casos em que a pessoa, embora não tenha participado na violação do direito, recebeu o produto do crime. Portanto, o texto legal não se refere aos co-autores, mas aos cúmplices, aos beneficiários do ato ilícito.

Clóvis Beviláqua salienta que o fundamento da regra é a não locupletação com o alheio e, por isso, a pessoa, embora inocente, deverá restituir o que recebeu.[156]

A responsabilidade apontada no art. 932 do Código Civil, em quaisquer de seus incisos, obriga as pessoas ali indicadas, ainda que não haja culpa de sua parte, a responder pelos atos praticados por terceiros ali referidos.

E, tratando-se de atos praticados por terceiros, o art. 934 estabeleceu que

> *"Aquele que ressarcir o dano causado por outrem pode reaver o que houver pago daquele por quem pagou, salvo se o causador do dano for descendente seu, absoluta ou relativamente incapaz".*

[156] BEVILÁQUA, Clóvis. *Código Civil comentado*. 10. ed. Rio de Janeiro: Francisco Alves, 1953. v. 5, art. 1525.

A hipótese legal exclui, portanto, do direito de regresso, o inciso I do art. 932, se o descendente do responsável for absoluta ou relativamente incapaz, devendo o pai responder sem qualquer direito a ressarcimento.

Trata-se de uma inovação, pois, no regime anterior, a exceção ao direito de ressarcimento era aplicada de forma geral, em se tratando de descendente do responsável. A segunda parte do art. 934 estabelece uma limitação à regra anterior, uma vez que impede o ressarcimento se o descendente for absoluta ou relativamente incapaz.

Assim, se o dano foi causado por filhos menores de dezesseis anos; por aqueles que, por enfermidade ou deficiência mental, não tiverem o necessário discernimento para a prática de seus atos; ou mesmo os que, por causa transitória, não puderem exprimir sua vontade, não poderá o pai buscar indenizar-se em ação regressiva do prejuízo que, por lei, fora obrigado a assumir.

Do mesmo modo, os maiores de dezesseis anos e menores de dezoito; os ébrios habituais, os viciados em tóxicos e os que por deficiência mental tenham o discernimento reduzido, além dos excepcionais, sem desenvolvimento mental completo e os pródigos não estarão obrigados a ressarcir o pai pela reparação civil a que ficou obrigado.

Nas demais hipóteses do art. 932 do Código Civil, estando uma parte obrigada por lei a indenizar o terceiro a quem se causou o dano, caberá ao responsável pela reparação civil a denunciação à lide, na forma do que consta do art. 70, III, do Código de Processo Civil.

É que a legislação processual, para facilitar o ressarcimento dos danos ao responsável pela reparação civil, no caso de ter sido ele provocado por alguma das figuras indicadas nos incisos do art. 932, a exceção do descendente absoluta ou relativamente incapaz, admite a denunciação à lide, eliminando a necessidade de ação autônoma, uma vez que da própria sentença poderá constar a responsabilidade do causador do prejuízo.

Essa possibilidade processual é extensiva às pessoas de direito público contra os funcionários que, por culpa ou dolo, derem causa a ação indenizatória, tal qual estabelece o art. 107, parágrafo único, da Constituição Federal.

Responsabilidade Civil e Criminal

No art. 935, tem-se que

> *"A responsabilidade civil é independente da criminal, não se podendo questionar mais sobre a existência do fato, ou sobre quem seja o seu autor, quando estas questões se acharem decididas no juízo criminal".*

A lei estabelece um limite bem nítido ao se trazer para a esfera civil o julgado criminal. A culpa civil não se confunde com a criminal, tanto é certo que não impede o reconhecimento da obrigação do dano, em ação civil, o reconhecimento, na ação criminal, de que o fato não constitui crime culposo.

É que fundamentando-se a responsabilidade civil na culpa e no caso de ter sido o réu absolvido no juízo criminal, mesmo assim a ação é cabível, desde que não negado o fato ou a sua autoria. Na responsabilidade objetiva não se exige a culpa do agente, bastando, por exemplo, o fato do serviço e o nexo de causalidade entre este e o evento danoso.

E, proferida a sentença condenatória, a justiça civil não poderá mais reexaminar a questão quanto à culpabilidade. Mas o juízo civil não está obrigado a aguardar o desfecho da ação penal para decidir pedidos de reparação de dano. É que a culpa civil e a penal são independentes e de natureza diversa. A primeira configura-se ante a comprovação de culpa inexpressiva, e a segunda só se reconhece em casos de análise mais demorada ou mais exigente, em razão de sua repercussão no campo do *status libertatis.*

Tem-se, pois, que a absolvição no juízo criminal, por insuficiência de prova, não impede o acolhimento do pedido na área cível.

A esse respeito, a decisão que consta da Apelação Cível 44.405-7, de 25/11/91, proferida pelo Tribunal de Alçada do Paraná, por sua 7ª Câmara, anotou a questão analisada à luz do art. 1.525 do Código Civil (atual 935 do Código Civil), entendendo que desse dispositivo resulta claro que a sentença criminal somente terá influência no cível quando decidir a respeito da existência do fato ou de sua autoria.

O acórdão traz o ensinamento de Washington de Barros Monteiro, cuja análise exaustiva da influência da sentença criminal no cível, merece ser transcrita: *"Cumpre não perder de vista, entretanto, que diversificam sensivelmente a culpa penal e a culpa civil; é possível assim que o réu seja absolvido no crime, porque não se reconhece sua culpa, e, no entanto, ser condenado à reparação do dano, porque no cível a culpa, embora levíssima, induz responsabilidade civil; a configuração do ilícito civil é menos exigente do que o ilícito penal, o Juízo cível é menos rigoroso do que o criminal na exigência dos requisitos da condenação. Por isso mesmo, dispõe o art. 66 do Código de Processo Penal que 'não obstante a sentença absolutória no Juízo Criminal, a ação cível poderá ser proposta quando não tiver sido, categoricamente, reconhecida a inexistência material do fato'. Nessas condições, não faz coisa julgada no cível a decisão do crime que não se pronunciou sobre a existência do fato delituoso ou sobre quem seja o seu autor, e apenas absolveu o réu por falta ou deficiência de provas. Assim também se a sentença penal reconhece que determinado atropelamento foi inevitável e imprevisível, não tendo o réu culpa alguma, pode o juiz do cível resolver de maneira diversa, porque na jurisdição criminal não se negou, categoricamente, a existência material do fato. Igualmente, a absolvição do réu, pelo reconhecimento a seu favor da situação prevista no art. 21 do Código Penal de 1969 (art. 17 do Código Penal de 1940), não o isenta do dever de indenizar o dano; e) não impedirão, igualmente, a propositura da ação civil a decisão que julgar extinta a punibilidade e a sentença absolutória que decidir que o fato imputado não constitui crime (Código de Processo Penal, art. 67)".*

Os casos em que a absolvição criminal se projeta no cível são aqueles em que a sentença absolutória decidiu pela legítima defesa, ou por ato praticado em estado de necessidade; em estrito cumprimento de dever legal ou ainda no exercício regular de direito, fugindo à regra do artigo 935 do Código Civil.

Há ainda que se ter em mente, também, que a sentença penal condenatória constitui-se em pressuposto da obrigação de indenizar, não se podendo mais reexaminar os fundamentos do julgado.

Responsabilidade Objetiva e Outros Agentes

O art. 936 estabelece que

> *"O dono, ou detentor, do animal ressarcirá o dano por este causado, se não provar culpa da vítima ou força maior."*

Já, pelo art. 936,

> *"O dono de edifício ou construção responde pelos danos que resultarem de sua ruína, se esta provier de falta de reparos, cuja necessidade fosse manifesta".*

e, conforme art. 938,

> *"Aquele que habitar prédio, ou parte dele, responde pelo dano proveniente das coisas que dele caírem ou forem lançadas em lugar indevido".*

Todos esses casos tratam da responsabilidade objetiva, em que se presume a culpa dos participantes, cabendo em quaisquer deles a prova de que não agiram com negligência. Se, no entanto, o resultado danoso for em conseqüência de terceiros, poderá o participante buscar ressarcir-se do que efetivamente gastou com o lesado.

A hipótese do art. 936 acontece muito freqüentemente em estradas, quando um animal provoca acidentes com automobilistas, causando danos materiais e às vezes com repercussão na integridade física do condutor. De acordo com a norma legal, a culpa é presumida, tratando-se de *culpa in vigilando.*

Toda a doutrina (Washington de Barros Monteiro, Aguiar Dias, Carvalho Santos) é *assente* quanto à necessidade de o detentor do animal guardá-lo, de modo que não possa ofender a outrem, e que à vítima só incumbe provar quem é o dono do animal, não bastando a este, por sua vez, invocar a fuga ou extravio do animal *tout court*. Terá de provar que o vigiava com cuidado preciso, e que o ato foi devido à imprudência do ofendido, ou caso fortuito e de força maior, ou provocação ao animal por parte de outros.[157]

A jurisprudência é farta em reconhecer a culpa presumida do dono do animal que pratica o dano, cabendo àquele provar algumas das excludentes de responsabilidade aludidas na segunda parte do artigo 936, ou seja, a culpa da vítima ou força maior.

Verifique-se, pois, as decisões que constam nas ementas transcritas:

> EMENTA: RESPONSABILIDADE CIVIL – DANO CAUSADO POR ANIMAL.
> Comprovada a existência de fato impeditivo, consubstanciado na circunstância de que, a despeito da vigilância e do cuidado que teve o criador de gado, sobreveio o fato externo alheio à sua vontade, motivado pela ação de abigaetário, que provocaram a fuga do animal causador do dano, está ele exonerado da obrigação de indenizar (art. 333, inciso II do Código de Processo Civil e art. 1.527, I, do Código Civil, atual 936). Apelação provida em parte (Apelação Cível 598218394, Décima Primeira Câmara Cível do Tribunal de Justiça do Rio Grande do Sul, julgado em 01/12/99).

> EMENTA: ACIDENTE DE TRÂNSITO – DANO CAUSADO POR ANIMAL DO DONO – ÔNUS DA PROVA.
> Tratando-se de caso excepcional de culpa legalmente presumida, ao sujeito passivo do dano e autor da ação indenizatória não pesa senão o ônus de provar que o dano foi produzido pelo animal, e a propriedade deste. A prova de alguma das excludentes de responsabilidade do art. 1.527 do Código Civil é encargo do demandado, e só o isenta de indenizar

---

[157] MONTEIRO, Washington de Barros. *Op. cit.* v. 2, p. 428.
DIAS, José de Aguiar. *Op. cit.* v. 2, p. 476.
SANTOS, João Manoel de Carvalho. *Código Civil brasileiro interpretado.* 4. ed. Rio de Janeiro: Freitas Barros. 1952. v. 20, p. 320-321.

quando cabal e completa. Valor dos danos. Admitida a verificação pela comparação de orçamentos, estes só se admitem com clara e minuciosa especificação das peças e serviços necessários. Excluem-se as parcelas genéricas e imprecisas. Alienação da coisa danificada, sem conserto. Se o paciente do dano prefere alienar a coisa a recompô-la, nem por isso fica inutilizada a estimativa do valor necessário aos reparos como critério de valor da indenização. A falta de prova contrária, presume-se que o valor de venda sofreu o decréscimo correspondente àquele montante. Correção monetária. Em se tratando de indenização de dano decorrente de ato ilícito, típica dívida de valor, a correção monetária é devida a partir do ajuizamento da ação, segundo construção pretoriana pacificada antes do advento da lei n. 6.899/81. Sentença parcialmente reformada. (Apelação Cível 26774, Segunda Câmara Cível, Tribunal de Justiça do Rio Grande do Sul, julgado em 09/02/1982.)

EMENTA: ACIDENTE DE TRÂNSITO – DANO CAUSADO POR ANIMAL EM VIA PÚBLICA.
Responsabilidade do Município por omissão, que se baseia na culpa na modalidade de negligência no cumprimento do dever de fiscalização. Inaplicabilidade, no caso, da teoria do risco administrativo. Responsabilidade que se firma a partir do nível de expectativa razoável da sociedade em relação ao serviço prestado pela municipalidade no sentido de evitar que animais de grande porte transitem livremente por suas artérias. Deram parcial provimento. (Apelação Cível 598508117, Décima Segunda Câmara Cível, Tribunal de Justiça do Rio Grande do Sul, julgado em 25/03/1999.)

Já na hipótese do art. 937, que se refere ao dono do edifício ou construção, que responde pelos danos resultantes de sua ruína, se esta provier de falta de reparos, convém lembrar a lição de Washington de Barros Monteiro, segundo o qual a responsabilidade estende-se a todos os danos advindos do edifício. Se de uma casa se desprende telha que venha atingir um transeunte, ou se no teatro cai o seu lustre provocando lesões ao assistente, fica o proprietário obrigado a reparar o dano.

Todavia, como leciona Aguiar Dias, a força maior, uma vez alegada, se verifica em face da impossibilidade absoluta da prestação ou do cumprimento do dever que incumbe ao agente e não quando essa prestação se torna mais difícil ou mais onerosa.

Daí por que, leciona Pontes de Miranda, a base da responsabilidade do proprietário, nesses casos, é resultante da relação de causa e efeito entre a ruína do edifício e a falta de conservação. É responsabilidade fundada em presunção de causalidade.[158]

Desse modo, a queda de tapume em transeunte ou em automóvel; a circunstância de estar o prédio sujeito a desabamento, o que já demonstra as más condições do prédio, havendo negligência do proprietário na reparação ou demolição, são causas de responsabilidade do proprietário na reparação civil à vítima.

Na Apelação Cível 188.466-2/6 da 16ª Câmara do Tribunal de Justiça de São Paulo, em que se examinou recurso sobre ação que responsabilizou engenheiro sobre desabamento de prédios, ficou decidido como caracterizada a responsabilidade do engenheiro sobretudo quando contrata, para fiscalização da construção, quem não possui credencial e ainda empresta seu nome para sinalização como responsável pela obra. Da mesma forma ficou reconhecida a responsabilidade do empreiteiro que admite fiscalização por quem não é engenheiro. A mesma decisão ainda entendeu que, concorre com parcela de culpa no evento, os proprietários que admitiram toda a situação irregular.

Em outra oportunidade, o Tribunal de Justiça de Florianópolis, na Apelação Cível 39168, examinou o caso de desabamento de um prédio, que acarretou inúmeros danos materiais, quando foi atribuída a responsabilidade solidária dos proprietários sob o argumento

---

[158] MONTEIRO, Washington de Barros. *Op. cit.* v. 1. p. 435.
DIAS, José de Aguiar. *Op. cit.* p. 724.
MIRANDA, Francisco Cavalcanti Pontes de. *Tratado de direito privado.* 2. ed. Rio de Janeiro: Borsoi, 1958. p. 502.

de que estes infringiram o dever de conservação do prédio, na ocasião em estado de iminente ruína.

Por sua vez, o Tribunal de Justiça de São Paulo, na Apelação Cível 118.289-1, entendeu que "em tema de construção, à Prefeitura incumbe aprovar a planta, devendo, conseqüentemente, conhecer a localização do imóvel e fiscalizar a edificação até expedição do "habite-se". Logo, em caso de desabamento, não se pode pretender responsabilidade civil única da construtora e querer arredar a da municipalidade sob alegação de ter sido aquela erguida sobre faixa *non aedificandi*, com violação à lei, pois, tal conclusão importaria escusar-se a municipalidade de qualquer responsabilidade pelo exercício do seu poder de polícia. Igual responsabilidade cabe à seguradora, porquanto também tem o direito-dever de fiscalizar o objeto do contrato de seguro, que, na espécie, cobre os riscos da atividade econômica, irrelevante a culpa da construtora. Se o agente financeiro escolhe mal o financiado, tal fato é irrelevante para as relações do contrato de seguro".

Já na hipótese do art. 938, o dano proveniente das coisas lançadas em lugar indevido caracteriza a responsabilidade solidária de todos os que habitam o local, pouco importando a qualidade de proprietário, locatário, usufrutuário, comodatário etc.

Não se perca de vista, no entanto, que a hipótese aponta responsabilidade objetiva de quem ocupa o imóvel; assim, não se pode imputá-la ao proprietário se o imóvel é ocupado por locatário.

A jurisprudência traz numerosos exemplos de danos causados em conseqüência de objetos lançados ou desprendidos de apartamentos, atingindo transeuntes ou veículos.

Trata-se de atos ilícitos que devem ser exigidos de quem os praticou. Na falta de identificação do apartamento de onde foi arremessado o objeto, havendo dano, a responsabilidade é do condomínio, desde que provado que o lançamento se deu em sua área.

Ao acusado caberá provar:

a. a ausência de dano;
b. que o lançamento não ocorreu no edifício;
c. que o lançamento ocorreu em área apropriada;
d. falta da qualidade de habitante da casa.

Ainda, dentro da responsabilidade civil, com a obrigação de indenizar, o art. 939 estabelece que

> *"O credor que demandar o devedor antes de vencida a dívida, fora dos casos em que a lei o permita, ficará obrigado a esperar o tempo que faltava para o vencimento, a descontar os juros correspondentes, embora estipulados, e a pagar as custas em dobro".*

E, no art. 940, tem-se que

> *"Aquele que demandar por dívida já paga, no todo ou em parte, sem ressalvar as quantias recebidas ou pedir mais do que for devido, ficará obrigado a pagar ao devedor, no primeiro caso, o dobro do que houver cobrado e, no segundo, o equivalente do que dele exigir, salvo se houver prescrição".*

O que quer a lei é que as partes respeitem o convencionado, seja quanto ao prazo de vencimento da dívida, seja quanto ao seu valor ou ainda quanto ao local de pagamento.

A cobrança judicial que o credor sabe inexistente enseja a aplicação da pena prevista no art. 940 do Código Civil, no correspondente ao valor do *quantum* cobrado. Somente afasta a imposição de tal sanção a prova de que o credor agiu de boa-fé, como assentado na jurisprudência do Supremo Tribunal Federal, por meio da Súmula 159.

Portanto, a prova da má-fé da parte do credor é fundamental para se cominar a pena, como exige a jurisprudência comentada, que entende que o essencial é que a intenção do proponente, ao ajuizar a ação, seja orientada com o intuito de prejudicar a outra parte. A penalidade imposta por lei fica rejeitada quando não ficar provada sobejamente a má-fé daquele que cobra dívida já paga, podendo ocorrer por mero equívoco.

De toda sorte (art. 941),

> *"As penas previstas nos arts. 939 e 940 não se aplicarão quando o autor desistir da ação antes de contestada a lide, salvo ao réu o direito de haver indenização por algum prejuízo que prove ter sofrido".*

Quer dizer que, se o réu alegar prejuízo sofrido em decorrência da atitude do autor, deverá prová-lo, não bastando somente a mera alegação.

Dessa forma tem sido as decisões de nossos tribunais, como se lê das ementas transcritas:

> EMENTA: DEVOLUÇÃO EM DOBRO TENDO O AUTOR RECLAMADO IMPORTÂNCIA POR ELE JÁ RECEBIDA, CABE A CONDENAÇÃO PELO LITÍGIO DE MÁ-FÉ.
> Fica obrigado a devolução em dobro, de conformidade com o disposto no art. 1.531 (atual 940) do Código Civil. Juros. Seu quantitativo incidirá sobre a quantia final, resultante do cálculo, a final. (Apelação Cível 39437, Terceira Câmara Cível, Tribunal de Justiça do Rio Grande do Sul, Julgado em 10/12/1981.)

> EMENTA: AÇÃO DE COBRANÇA. PROVA SUFICIENTE PARA AMPARAR A PRETENSÃO. FATOS E VALORES NÃO CONTESTADOS.
> A sanção do art. 1.531 do Código Civil somente é passível alegada em pedido reconvencional. Precedentes desta corte. Sentença confirmada. (Apelação Cível 41156, Quarta Câmara Cível, Tribunal de Justiça do Rio Grande do Sul, Julgado em 17/06/82.)

> EMENTA: ABALO DE CRÉDITO. REGISTRO DO AUTOR NO SERVIÇO DE PROTEÇÃO AO CRÉDITO, EM RAZÃO DE COMUNICAÇÃO INDEVIDA DA DEMANDADA.
> Danos decorrentes da suspensão do fornecimento de livros, impedindo o auto de exercer sua atividade de vendedor autônomo. Indenização devida. Pena do art. 1.531 (atual 940) do Código Civil. Só tem lugar na hipótese da demanda por dívida já paga. Apelos improvidos. (Apelação Cível 588018747, Sexta Câmara Cível, Tribunal de Justiça do Rio Grande do Sul, julgado em 03/05/1988.)

> EMENTA: ARRAS (PROMESSA DE COMPRA E VENDA).

Parcela final do preço garantida por nota promissória. Quitação do título da dívida garantida. Cobrança de dívida paga. Penalidade. (Apelação Cível 42237, Segunda Câmara Cível, Tribunal de Justiça do Rio Grande do Sul, Julgado em 22/09/1982.)

Responsabilidade Civil das Pessoas de Direito Público

De acordo com a Constituição Federal, em seu art. 37, § 6º,

> *"As pessoas jurídicas de direito público e as de direito privado prestadoras de serviços públicos responderão pelos danos que seus agentes, nessa qualidade, causarem a terceiros, assegurando o direito de regresso contra o responsável nos casos de dolo ou culpa".*

Trata-se do princípio da responsabilidade civil do Estado, na modalidade do risco administrativo, pelo qual não se há de indagar, inicialmente, da culpa do agente público, bastando a constatação do dano para ser a Administração responsável.

Aliás, o art. 43 já estabelece que

> *"As pessoas jurídicas de direito público interno são civilmente responsáveis por atos dos seus agentes que nessa qualidade causem danos a terceiros, ressalvado direito regressivo contra os causadores do dano, se houver, por parte destes, culpa ou dolo".*

O Supremo Tribunal Federal tem decidido a questão da responsabilidade do Estado, aludindo ser ela objetiva (comissiva) ou subjetiva (omissiva), sendo certo que, no caso de ser subjetiva, a análise do caso concreto é que definirá a culpa do Estado.

Trata-se das seguintes decisões:

1. Ato omissivo do poder público que originou a morte de presidiário por outro presidiário. Responsabilidade subjetiva, *faute de service* (Constituição Federal, art. 37, § 6º):

"I. A responsabilidade civil das pessoas jurídicas de direito público e das pessoas jurídicas de direito privado prestadoras de serviço público, responsabilidade objetiva, com base no risco administrativo, ocorre diante dos seguintes requisitos: a) do dano; b) da ação administrativa; c) e desde que haja nexo causal entre o dano e a ação administrativa.

II. Essa responsabilidade objetiva, com base no risco administrativo, admite pesquisa em torno da culpa da vítima, para o fim de abrandar ou mesmo excluir a responsabilidade da pessoa jurídica de direito público ou da pessoa jurídica de direito privado prestadora de serviço público.

III. Tratando-se de ato omissivo do poder público, a responsabilidade civil por tal ato é subjetiva, pelo que exige dolo ou culpa, numa de suas três vertentes, negligência, imperícia ou imprudência, não sendo, entretanto, necessário individualizá-la, dado que pode ser atribuída ao serviço público, de forma genérica, a faute de service *dos franceses.*

IV. Ação julgada procedente, condenando o Estado a indenizar a mãe do presidiário que foi morto por outro presidiário, por dano moral. Ocorrência da faute de service*"* (Proc. 179147/SP)."

2. Responsabilidade objetiva da administração pública por ato ilícito praticado pelo agente público no exercício das suas funções. Indenização indevida:

"1. A Constituição Federal responsabiliza as pessoas jurídicas de direito público pelos danos que seus agentes, nessa qualidade, causarem a terceiros, não sendo exigível que o servidor tenha agido no exercício das suas funções.

2. Dano causado por policial. Responsabilidade objetiva do Estado em face da presunção de segurança que o agente proporciona ao cidadão, a qual não é elidida pela alegação de que este agiu com abuso no exercício das suas funções. Ao contrário, a responsabilidade da Administração Pública é agravada em razão do risco assumido pela má seleção do servidor. Recurso extraordinário não conhecido (DJ 27/02/1998)."

3. *"A responsabilidade civil das pessoas jurídicas de direito público e das pessoas jurídicas de direito privado prestadoras de serviço público, responsabilidade objetiva, com base no risco administrativo, ocorre diante dos seguintes requisitos: a) do dano; b) da ação administrativa; c) e desde que haja nexo causal entre o dano e a ação administrativa. Essa responsabilidade objetiva, com base no risco administrativo, admite pesquisa em torno da culpa da vítima, para o fim de abrandar ou mesmo excluir a responsabilidade da pessoa jurídica de direito público ou da pessoa jurídica de direito privado prestadora de ação foi julgada improcedente sobre o fundamento de não ter sido comprovada a culpa do preposto da sociedade de economia mista prestadora de serviço. Ofensa ao art. 37, § 6º, da Constituição. IV. R.E. conhecido e provido* (DJ 30/06/1995)."
4. *"O Estado está obrigado a indenizar o particular quando, por atuação dos seus agentes, pratica contra o cidadão prisão ilegal. Em caso de prisão indevida, o fundamento indenizatório da responsabilidade do Estado deve ser enfocado sobre o prisma de que a entidade estatal assume o dever de respeitar, integralmente, os direitos subjetivos constitucionais assegurados ao cidadão, especialmente o de ir e vir. O Estado, ao prender indevidamente o indivíduo, atenta contra os direitos humanos e provoca dano moral ao paciente, com reflexos em suas atividades profissionais e sociais. A indenização por danos morais é uma recompensa pelo sofrimento vivenciado pelo cidadão, ao ver, publicamente, a sua honra atingida e o seu direito de locomoção sacrificado. A*

responsabilidade pública por prisão indevi-da, no direito brasileiro, está fundamentada na expressão contida no art. 5º, LXXV, da Constituição Federal. Recurso especial provido (REsp 220982, de 03/04/2000)."

RESPONSABILIDADE CIVIL – ACIDENTE DE TRÂNSITO – PRETENSÃO AO RECONHECIMENTO DA RESPONSABILIDADE OBJETIVA DA ADMINISTRAÇÃO – IMPOSSIBILIDADE – RELAÇÃO DE CAUSALIDADE ENTRE O EVENTO E O DANO NÃO DEMONSTRADO PELO AUTOR – CULPA EXCLUSIVA DESTE COMPROVADA – RESPONSABILIDADE OBJETIVA AFASTADA – INDENIZATÓRIA IMPROCEDENTE – RECURSO IMPROVIDO. (Apelação Cível 692.398-2, Pacaembu, 11ª Câmara Especial de Julho/96, unânime, 15/8/1996.)

Neste último caso, a decisão que examinou uma ação de reparação de danos em acidente de veículos, apresentou breve, porém importante consideração sobre a responsabilidade civil objetiva em casos envolvendo o Poder Público e seus agentes.

É do acórdão que se extrai a seguinte lição:

"Dispõe o art. 37, § 6º, da Constituição Federal, que é objetiva a responsabilidade do apelado pelos danos que seus agentes causarem a terceiros.

Isso significa que, a exemplo das Cartas anteriores, adotou a de 1988 a responsabilidade civil objetiva da Administração, sob a modalidade do risco administrativo.

Corolário do dispositivo constitucional citado, segundo a lição de Hely Lopes Meirelles ao definir a teoria do risco administrativo, é a dispensa de prova da culpa da Administração e a permissão para que ela possa demonstrar a culpa da vítima, quer para excluir, quer para atenuar a indenização pretendida.

Em outras palavras, não quer dizer que a Administração indenizará sempre por qualquer sinistro envolvendo seus agentes, mas que a vítima fica dispensada de provar que agiram culposamente, o que resulta na inversão do ônus da prova.

> Assim, a Administração, para eximir-se do dever de indenizar, deve provar a culpa exclusiva ou concorrente da vítima se quiser afastar ou minorar a indenização. (*Direito administrativo brasileiro.* 3. ed. São Paulo: Revista dos Tribunais, 1975. p. 590.)
>
> Vai daí que a responsabilidade civil do Estado e das pessoas jurídicas de direito privado que prestam serviços públicos é objetiva, não cabendo indagar, por conseguinte, da culpa. No caso concreto, então, exige-se do apelante tão somente que demonstre o nexo causal entre o fato e o dano, ficando como encargo da apelada a demonstração da culpa exclusiva ou concorrente da vítima no evento danoso (Egrégio Primeiro Tribunal de Alçada Civil, Apelação Cível 652.488-9, 11ª Câmara, unânime, em 04.01.96.)
>
> E assim é porque a sociedade não tem como impedir ou evitar os atos praticados pelo Poder Público em razão da sua atividade estatal, restando submeter-se à prestação do serviço. A sua presença na vida da comunidade, até com o intuito de preservá-la, sem que se possa questionar a necessidade ou a oportunidade, implica em que deva responder objetivamente pelos danos que seus agentes causarem ao particular, salvo culpa exclusiva ou concorrente devidamente comprovada."

Com tais ensinamentos, a decisão entendeu que, embora objetiva a responsabilidade da municipalidade, era necessário que o autor provasse, pelo menos, a relação de causalidade entre o dano e o evento, isto é, que o dano decorreu de conduta do agente do Poder Público. E este último demonstrar que o evento se verificou pela culpa exclusiva ou concorrente do autor, concluindo, a final que a conduta do agente da municipalidade não foi a causa do evento danoso, o qual decorreu da culpa exclusiva do outro motorista.

Disponibilidade dos Bens do Responsável

O art. 942 preceitua que

> "*Os bens do responsável pela ofensa ou violação do direito de outrem ficam sujeitos à reparação do dano causado; e, se a ofensa tiver mais de um autor, todos responderão solidariamente pela reparação*".

O responsável pela ofensa ou violação do direito responde com seus bens e, quando a ofensa tiver mais de um autor, todos responderão com o seu patrimônio por conta da solidariedade, mas o credor pode exigir de um só devedor a totalidade da dívida. Havendo pagamento, extingue-se a obrigação e a solidariedade.

Todavia, o direito ao ressarcimento deve sempre estar fundado em tríplice requisito: a) do ato culposo; b) do prejuízo; c) do nexo causal entre o ato e o resultado lesivo, cabendo ao lesado o ônus da prova da ocorrência dos três requisitos.

A jurisprudência tem decidido que, em caso de acidente de trânsito, a ação do lesado pode ser intentada diretamente contra a seguradora que contratou com o proprietário do veículo causador do dano (REsp 294057); o pai proprietário de veículo, que o empresta ao filho, também responde pela reparação civil, por acidente culposo causado pelo filho (REsp 146994, de 01/07/1999).

Em se tratando de hipoteca legal nos bens do responsável pelo ato ilícito, tem-se como impeditiva aquela que recai sobre objeto impenhorável, como consta da ementa seguinte:

> EMENTA: CIVIL – ESPECIALIZAÇÃO DE HIPOTECA LEGAL NOS BENS DO RESPONSÁVEL PELO ATO ILÍCITO – OBJETO IDÔNEO – BEM IMPENHORÁVEL – INADMISSIBILIDADE.
>
> 1. É inadmissível que a especialização da hipoteca legal (Código Civil, art. 827, VI, (atual 1.489) e 134 do Código de Processo Penal), em favor da vítima, nos bens do responsável pelo ato ilícito (Código Civil, art. 159, atual 186), recaia sobre bem impenhorável, no caso propriedade ru-

> ral com área inferior a um módulo (Código de Processo Civil, art. 649, X). Inteligência do art. 756, *caput*, segunda parte do Código Civil (atual 1.420). 2. Apelação provida. (Apelação Cível 597035518, Quinta Câmara Cível, Tribunal de Justiça do Rio Grande do Sul, Julgado em 28/05/1997.)

A responsabilidade civil, em regra, é pessoal, nos termos do art. 186 do Código Civil. Há casos em que a responsabilidade é solidária, mas necessariamente a solidariedade nem sempre decorre da co-propriedade, mas sim da cumplicidade ou da culpa *in eligendo ou in vigilando.* Tanto é certo que o parágrafo único do art. 942 estabelece que

> *"São solidariamente responsáveis com os autores os co-autores e as pessoas designadas no art. 932"*.

As pessoas designadas no art. 932, como se viu, são, nas circunstâncias que a lei menciona, os pais, tutores, curadores, empregador, comitente, donos de hotéis e estabelecimentos congêneres, e os que gratuitamente participaram nos produtos do crime até a concorrente quantia.

Na lição de Pontes de Miranda, *"para se admitir que o ato de uma pessoa acarrete dever de outra, é preciso (a) que a pessoa, a quem se atribui o dever de reparar, tenha culpa em escolher ou em vigiar, ou em policiar (no sentido mais largo), ou outra semelhante, ou (b) que as circunstâncias em que alguém exerce os seus atos de profissão ou indústria sejam tais que a atividade aumente os riscos das outras pessoas e se possa substituir o fundamento na culpa por outro (responsabilidade dita 'objetiva')"*.[159]

No caso específico de acidente ocorrido com veículo, para que a responsabilidade civil do proprietário seja considerada por ato praticado por terceiro de posse do veículo, *"há de se demonstrar previamente que para o* eventus damni *tenha, em última análise, participado*

[159] MIRANDA, Francisco Cavalcanti Pontes de. *Tratado de direito privado*. 2. ed. Rio de Janeiro: Borsoi, 1958. t. 52, p. 136.

ele, seja por uma voluntária omissão, por negligência ou imprudência, vale dizer por alguma coisa que lhe possa ser imputável na produção do fato danoso... O fato de ser alguém, entre nós, proprietário de um veículo, só isso não o tornaria um responsável obrigatório pelos acidentes acontecidos com o seu veículo em detrimento de terceiros. Sua responsabilidade seria apenas direta, e por exceção legal, indireta, mas tão somente nas estritas hipóteses estabelecidas em lei".[160]

Havendo solidariedade, aquele que paga a dívida tem o direito de regresso contra os demais devedores solidários, tornando-se obrigatória a denunciação à lide àquele que estiver obrigado, pela lei ou pelo contrato, a indenizar o prejuízo do que perder a demanda.

---

[160] SILVA, Wilson Melo da. *Da responsabilidade civil automobilística.* São Paulo: Saraiva, 1980. p. 458-460.

25

Da Indenização

Disposições Gerais

No art. 944, tem-se que

> *"A indenização mede-se pela extensão do dano"*

e não pela gravidade da culpa, tanto é certo que no parágrafo único do art. 944

> *"Se houver excessiva desproporção entre a gravidade da culpa e o dano, poderá o juiz reduzir, eqüitativamente, a indenização".*

É que o direito à reparação surge com a ocorrência do dano, *"mas somente o julgamento fixa a responsabilidade"*[161] e, como estabelece a

[161] MIRANDA, Francisco Cavalcanti Pontes de. *Tratado de direito privado*. 2. ed. Rio de Janeiro: Borsoi, 1958. t. 26, p. 49.

lei, se houver excessiva desproporção entre a gravidade da culpa e o dano, o juiz poderá reduzir, de forma eqüitativa, o *quantum* indenizatório.

Assim, o lesionado tem a obrigação de ressarcir os danos causados, e o lesado tem direito à reparação, todavia restrita aos prejuízos efetivamente sofridos.

Na decisão proferida pelo 1º Tribunal de Alçada Civil, da 8ª Câmara, na Apelação 930.277-8, de 24/04/2002, em ação indenizatória movida contra banco, em decorrência de cofre de aluguel furtado o que transferiu ao banco a responsabilidade civil por conta do ilícito, embora fosse inegável o prejuízo sofrido pela vítima, cabendo-lhe, portanto, indenização, o acórdão lembrou o magistério de Yussef Said Cahali (RT 591/1), sobre a dificuldade em fixar a indenização, de acordo com a extensão do dano: *"Se é dificultosa a determinação da responsabilidade do banco na verificação do evento, maior embaraço ainda apresenta o exame de outro pressuposto da obrigação de indenizar, representado pela prova do efetivo prejuízo sofrido pelo cliente"*.

Todavia, se a vítima tiver concorrido culposamente para o evento danoso, a sua indenização será fixada tendo-se em conta a gravidade de sua culpa em confronto com a do autor do dano (art. 945).

De acordo com a teoria da responsabilidade civil, concede-se ao lesado os instrumentos para a satisfação de seus interesses violados, na medida do prejuízo sofrido. Se a vítima concorre culposamente para o evento danoso, tal fato servirá para reduzir a indenização que contra o autor do dano vier a ser fixada, tratando-se a espécie de concorrência de culpa.

De se lembrar a lição de Aguiar Dias quanto à culpa eficiente, que termina por excluir a culpa de outrem, em razão de ser a intervenção decisiva, deixando sem relevância outros fatos culposos porventura intervenientes no acontecimento. *"Pensamos que sempre que seja possível estabelecer inocuidade de um ato, ainda que imprudente, se não tivesse intervindo outro ato imprudente, não se deve falar em concorrência de culpa, sem a qual o dano não se teria produzido"*.[162]

---

[162] DIAS, José de Aguiar. *Op. cit.* v. 2, p. 370.

Obrigação Indeterminada. Indenização

Na hipótese de ser a obrigação indeterminada, ou seja, aquela cujo objeto é inexato, estabelece o art. 946, a título de sua liquidação, o procedimento, qual seja o de apurar as perdas e danos na forma que a lei processual determinar. A hipótese refere-se aos casos em que nem a lei ou nem o contrato contêm disposição fixando a indenização devida pelo inadimplente.

Assim, se o contrato nada dispuser sobre a forma de apuração da indenização, será ela fixada mediante sentença e apurada na forma do que consta dos arts. 603 e seguintes do Código de Processo Civil, que prevê a liquidação por arbitramento, por artigos e por cálculo aritmético.

A liquidação por cálculo aritmético se realiza quando o valor da condenação depender apenas desse cálculo, devendo o credor apresentar, no pedido de execução, memória discriminada e atualizada de cálculo (art. 604 do Código de Processo Civil).

A liquidação por arbitramento tem lugar quando (art. 606 do Código de Processo Civil):

> *"I. determinado pela sentença ou convencionado pelas partes;*
> *II. o exigir a natureza do objeto da liquidação".*

Nesse caso, o juiz nomeará perito que apresentará laudo sobre o qual as partes do processo poderão manifestar-se no prazo de 10 dias, antes de ser proferida a sentença (art. 607 do Código de Processo Civil).

A liquidação por artigos ocorre quando, para determinar o valor da condenação, houver necessidade de alegar e provar fato novo (art. 609 do Código de Processo Civil).

Em quaisquer desses casos, é defeso, na liquidação, discutir de novo a lide, ou modificar a sentença que a julgou, como estabelece o art. 610 do Código de Processo Civil.

As ementas transcritas trazem exemplos de critérios de orientação para a liquidação de sentença, na apuração da indenização, cujos julgados determinam que se levem em conta as circunstâncias fáticas, as condições sócio-econômica das partes e o bom senso, considerando-se tratar-se de danos morais, estando afeta a fixação ao juiz.

> Ementa: Apelação Cível – Responsabilidade civil.
> A manutenção indevida de registros de débitos em cadastro restritivo de crédito impõe a responsável o dever de indenizar o cadastrado pelos notórios danos originados pela divulgação dos dados incorretos e desabonatórios. É meramente estimativo o valor da indenização pleiteado a título de dano moral, ficando, a critério do julgador arbitrá-la de conformidade com as circunstâncias fáticas, as condições sócio-econômica das partes e o bom senso. Ação julgada procedente. Apelação provida. Recurso Adesivo Improvido. (Apelação Cível 70004812194, Quinta Câmara Cível, Tribunal de Justiça do Rio Grande do Sul, Julgado em 04/09/2003.)

> Ementa: Apelação Cível – Responsabilidade civil – Ação de indenização por dano moral.
> A casa comercial tem o dever de indenizar o ato do preposto que submete o cliente a constrangimentos por suspeita de furto de uma barra de chocolate, fato que restou improvado. Adequação da verba indenizatória às circunstâncias fáticas, à situação econômica do ofendido e às posses do ofensor. Apelo do réu provido, em parte. Apelação do autor prejudicada. (Apelação Cível 70004763827, Quinta Câmara Cível, Tribunal de Justiça do Rio Grande do Sul, Julgado em 28/08/2003.)

Formas de Indenização Fixadas pela Lei. Jurisprudência

O Código Civil estabelece algumas formas de fixação da indenização para os casos que se encontram especificados nos arts. 947 e seguintes, e que serão analisados neste Capítulo.

O primeiro deles diz que, no art. 947,

> *"Se o devedor não puder cumprir a prestação na espécie ajustada, substituir-se-á pelo seu valor, em moeda corrente".*

O valor aludido no art. 947 deverá corresponder ao da coisa ajustada, na conformidade da estimativa do contrato, ou, em sua ausência, ao equivalente que vier a ser estimado pelo credor, desde que seja razoável.

Para o Caso de Homicídio

Preceitua o art. 948, I e II:

> *"No caso de homicídio, a indenização consiste, sem excluir outras reparações:*
>
> *I. o pagamento das despesas com o tratamento da vítima, seu funeral e o luto da família;*
> *II. na prestação de alimentos às pessoas a quem o morto os devia, levando-se em conta a duração provável da vida da vítima".*

Em consonância com a doutrina e jurisprudência, tem-se que o Código protege as afeições familiares legítimas, definindo os contornos da reparação, que compreendem o pagamento de despesas com tratamento da vítima, funeral e luto, bem como prestação de alimentos às pessoas a quem o morto os devia. Carlos Alberto Bittar, a propósito, entende, nesta hipótese, *"que se trata de indenização por dano moral, consistindo o luto da família em proporcional compensação pecuniária, como reparação pela perda do parente.*[163]

---

[163] BITTAR, Carlos Alberto. *Reparação civil por danos morais*. São Paulo: Revista dos Tribunais, 1992. p.183.

O Supremo Tribunal Federal, tratando do caso de reparação de dano em conseqüência de homicídio, aludiu que a expressão "alimentos", contida no inciso II do art. 1.537 do Código Civil (na legislação atual, art. 948, II) é simples ponto de referência para o cálculo da indenização e para a determinação dos beneficiários, e, sendo critério de liquidação de obrigação de indenizar, não se destina a transformar a natureza dessa obrigação, metamorfoseando-a em outra, de caráter diverso, como é a de prestar alimentos. Entendeu não ser cabível, portanto, a concessão de alimentos provisionais no curso da ação de indenização de perdas e danos por homicídio (Proc. 84319, de 11/12/1976).

O Superior Tribunal de Justiça, tratando do mesmo assunto, decidiu em caso de que foi vítima filho adolescente, em vias de terminar curso técnico, adotar como termo final da obrigação de pagamento a data em que a vítima completaria a idade tida como limite médio de vida no Brasil, decidindo ainda que se algum dos pais-beneficiários falecer antes de atingido o termo final, a pensão fica reduzida à metade (REsp 51966/SP).

Para o Caso de Lesão ou Ofensa à Saúde

Em se tratando de lesão ou outra ofensa à saúde (que não tenha deixado vestígio), o ofensor indenizará o ofendido das despesas do tratamento e dos lucros cessantes até o fim da convalescença, além de algum outro prejuízo que o ofendido prove haver sofrido (art. 949).

A indenização deverá ser tal que compreenda os prejuízos materiais e os morais advindos do dano, além dos lucros cessantes que deverão ser provados, já que não são presumidos e calculados até o fim da convalescença, além de outros prejuízos que o ofendido também provar.

Agora, conforme art. 950,

> *"Se da ofensa resultar defeito pelo qual o ofendido não possa exercer o seu ofício ou profissão, ou se lhe diminua a capacidade de trabalho, a indenização, além das despesas do tratamento e lucros cessantes até ao fim da convalescença, inclui-*

rá pensão correspondente à importância do trabalho para que se inabilitou, ou da depreciação que ele sofreu".

Em face da gravidade da lesão, a indenização deverá corresponder ao valor necessário à recuperação do lesado, além de reposição de lucros cessantes. *"No dano de caráter estético, cumpre ao magistrado levar em conta a situação do ofendido e sua profissão, exacerbando-se a sanção quando se trata de pessoa cuja atividade dependa de absoluta higidez física (assim, por exemplo, atriz ou modelo)".*[164]

Reconhece-se, pois, que as indenizações serão sempre mais agravadas quando forem impeditivo ou diminutivo no exercício ou valor do trabalho, sendo certo que, em caso de inabilitação, a pensão corresponderá à importância integral que o lesionado recebia, ou à importância da depreciação que ele sofreu.

O prejudicado, se preferir, poderá exigir que a indenização seja arbitrada e paga de uma só vez (parágrafo único do art. 950).

Na Apelação Cível 560.637-5, publicada na RT 707/85, a 4ª Câmara Especial do 1º Tribunal de Alçada Civil, entendeu que "*tratando-se de dano estético, hão que se indenizar tanto as despesas que o lesado tenha para a respectiva recuperação (reparação imaterial, ou patrimonial, porquanto dano físico) como os danos estéticos derivados do fato da violação (reparação moral, porque o reflexo se sente na esfera afetiva e valorativa da personalidade da pessoa atingida, na defesa da dignidade humana)*".

É do Superior Tribunal de Justiça a decisão proferida no Agravo Regimental no Agravo de Instrumento 37.060-9 (RSTJ 68/33) em que ficou decidido que *"o profissional que se propõe a realizar cirurgia, visando a melhorar a aparência física do paciente, assume o compromisso de que, no mínimo, não lhe resultarão danos estéticos, cabendo ao cirurgião a avaliação dos riscos. Responderá por tais danos, salvo culpa do paciente ou a intervenção de fator imprevisível, o que lhe cabe provar".*

Em outro caso, o Tribunal de Justiça do Rio de Janeiro, na Apelação Cível 1329/90 decidiu: *"Indenização. Danos físicos e mo-*

---

[164] BITTAR, Carlos Alberto. *Reparação civil por danos morais.* São Paulo: Revista dos Tribunais, 1992. p. 184.

rais decorrentes de cirurgia plástica de caráter estético malsucedida. Responsabilidade contratual e aquiliana que no caso se completam. Mesmo que se admita que a cirurgia plástica embelezadora é contrato de meio e não de resultado, a imperfeita execução da avença dá margem à reparação do dano. Responsabilidade solidária da clínica onde o médico ocupava o cargo de relevo na especialidade. Verba do dano moral que no caso se justifica cumulativamente com a indenização pelos danos materiais, pela ofensa à sensibilidade da mulher deformada pela cirurgia imperfeitamente executada".

Para o Caso de Lesões ou Morte Ocorridas no Exercício de Atividade Profissional

As conseqüências previstas nos artigos antecedentes aplicam-se ainda no art. 951:

> "*no caso de indenização devida por aquele que, no exercício de atividade profissional, por negligência, imprudência ou imperícia, causar a morte do paciente, agravar-lhe o mal, causar-lhe lesão, ou inabilitá-lo para o trabalho*".

A jurisprudência ilustra o texto legal, nos julgamentos que tratam da responsabilidade civil na área médica, citando-se os seguintes:

1. Cirurgia plástica. Obrigação que, modernamente, é considerada de resultado e não de meio, pois ninguém procura o cirurgião plástico para ficar pior em sua aparência. A culpa do cirurgião plástico é presumida, assumindo ele o ônus da prova em contrário. Hipótese dos autos, porém, em que as cicatrizes apresentadas pela autora são fruto, diz a perícia, de características biológicas da paciente e da não observância por ela dos cuidados pós-operatórios adequados, não havendo por parte do médico qualquer ação que, por falha ou falta de cuidado, tivesse concorri-

do para as cicatrizes existentes. Culpa e nexo causal ausentes, que excluem o dever de indenizar. Recurso do réu provido para julgar improcedente o pedido, prejudicado o da autora (Apelação Cível 200200125508).

2. Óbito da esposa do autor, que se submetera a exame médico na tentativa de engravidar. Inversão do ônus probatório decretada. Benefício da gratuidade antes deferido ao Apelante. Prova pericial que não se realizou por culpa da Ré. Relação de Consumo. Responsabilidade configurada. Danos materiais não comprovados. Dano moral concedido na base de R$ 30.000,00 (trinta mil reais), com correção e juros. Sucumbência pelo vencido. Provimento parcial da Apelação (Apelação Cível 200200128270, de 09/05/2002).
3. Erro na conduta médica em hospital municipal. Negligência dos prepostos estatais durante a realização da cesariana. Omissão específica do Município, Caracterização da responsabilidade objetiva do ente estatal, na forma do art. 37 da Constituição Federal. Dano moral deve ser estabelecido levando em consideração os critérios da razoabilidade, face aos graves e permanentes danos físicos e mentais à criança. Recurso conhecido e parcialmente provido, apenas para diminuir a verba indenizatória, fixada a título de danos morais (Apelação Cível 200200121189, de 26/05/2003).

Indenização por Usurpação ou Esbulho do Alheio

Dispõe o art. 952 que

> "*Havendo usurpação ou esbulho do alheio, além da restituição da coisa, a indenização consistirá em pagar o valor*

das suas deteriorações e o devido a título de lucros cessantes; faltando a coisa, dever-se-á reembolsar o seu equivalente ao prejudicado".

A hipótese legal trata da prática de ato ilícito que tem como resultado a usurpação ou esbulho, o que constitui apropriação indébita, como adverte Carvalho Santos, segundo o qual o texto se refere *"à obrigação de restituir a coisa, em virtude de apropriação indébita; em tal hipótese, há sempre culpa, uma vez que a obrigação procede de ato ilícito".*[165]

A segunda parte do texto legal refere-se ao caso de faltar a coisa, devendo ser o prejudicado reembolsado do equivalente. Para se restituir o equivalente, quando não exista a própria coisa, a lei fixa um critério, o que está estabelecido no parágrafo único do art. 952, ou seja, estimar-se-á a coisa pelo seu preço ordinário e pelo de afeição, contando que este não se avantaje àquele.

Portanto, ao preço da coisa pode ser acrescido o de sua afeição, sendo esse direito um direito moral, desde que não seja este último maior do que o da própria coisa.

Indenização por Injúria, Difamação ou Calúnia

Dispõe o art. 953 que

"A indenização por injúria, difamação ou calúnia consistirá na reparação do dano que delas resulte ao ofendido".

O dano de que trata a lei pode ser todo o prejuízo sofrido, de ordem patrimonial, moral, ou ambos (direito à honra e à consideração social).

[165] SANTOS, João Manoel de Carvalho. *Código Civil brasileiro interpretado*. 4. ed. Rio de Janeiro: Freitas Bastos, 1952. p. 416.

A injúria, difamação ou calúnia são crimes previstos no Código Penal, nos arts. 138, 139 e 140, e assim, sobre os danos advindos à vítima, ainda que os prejuízos materiais não possam ser por ela provados, cabe indenização, cujo valor será fixado pelo juiz, que o fará eqüitativamente, como trata o parágrafo único do art. 953.

Na Apelação Cível nº 2638/95, o Tribunal de Justiça do Rio de Janeiro, em 08/06/95, condenou o jornal "O Dia" por ter publicado uma notícia atribuindo a determinada pessoa a opção de ser "gay" e "aidético".

A vítima, sentindo-se ofendida em sua honra e reputação, moveu ação contra a empresa jornalística, entendendo aquele tribunal que fazia ela jus à reparação do dano moral, que, no caso, era presumido, provocado pela notícia, que teve finalidade escandalosa, especialmente considerando que o jornal publicou em sua primeira página que um cabo alegre voltou às fileiras do Exército.

Indenização por Ofensa à Liberdade Pessoal

O art. 954 estabelece que o critério para

> *"A indenização por ofensa à liberdade pessoal consistirá no pagamento das perdas e danos que sobrevierem ao ofendido",*

e se este não puder provar prejuízo, caberá ao juiz fixar, eqüitativamente, o valor da indenização, na conformidade das circunstâncias do caso.

O parágrafo único do art. 954 estabelece quais os atos que são considerados ofensivos da liberdade pessoal, indicando taxativamente:

> *"I. o cárcere privado;*
> *II. a prisão por queixa ou denúncia falsa e de má-fé;*
> *III. a prisão ilegal".*

As perdas e danos de que trata a lei deverão ser considerados sob os aspectos patrimoniais e morais, estes últimos em razão do vulto do direito atingido, em decorrência do constrangimento que atinge *"o complexo valorativo da personalidade humana, nos aspectos da intimidade, da afetividade pessoal e da consideração social"*.[166]

[166] BITTAR, Carlos Alberto. *Reparação civil por danos morais.* São Paulo: Revista dos Tribunais, 1992. p. 235.

Bibliografia

ALTERINI, Atílio Aníbal. *Responsabilidade civil.* 2. ed. Buenos Aires: Abeledo-Perrot, 1973.

ALMEIDA, Galeno Lacerda de. *Obrigações.* Rio de Janeiro: Forense, 2002.

ALVIM, Agostinho. *Da inexecução das obrigações e suas conseqüências.* 4. ed. São Paulo: Saraiva, 1972.

________. *Da responsabilidade civil.* São Paulo: Saraiva, 1973. v. 2.

ASSIS, Araken de. *Resolução do contrato por inadimplemento.* São Paulo: Revista dos Tribunais, 1991.

AZEVEDO, Álvaro Villaça. *Teoria geral das obrigações.* 5. ed. São Paulo: Revista dos Tribunais, 1994.

BEVILÁQUA, Clóvis. *Código Civil comentado.* 10. ed. Rio de Janeiro: Francisco Alves, 1953. 6 v.

BEVILÁQUA, Clóvis. *Direito das obrigações*. 8. ed. Rio de Janeiro: Francisco Alves, 1954.

BITTAR, Carlos Alberto. *Reparação civil por danos morais*. São Paulo: Revista dos Tribunais, 1992.

______. *Responsabilidade civil: teoria & prática*. Rio de Janeiro: Forense, 1990.

CANOTILHO, José Joaquim Gomes. *O problema da responsabilidade do Estado por atos ilícitos*. Coimbra: Almedina, 1974.

CHAVES, Antônio. *Tratado de direito civil* – Obrigações. São Paulo: Revista dos Tribunais, 1985.

DE PLÁCIDO E SILVA. *Vocabulário jurídico*. Rio de Janeiro: Forense, 1980. 4 v.

DIAS, José de Aguiar. *Da responsabilidade civil*. 6. ed. Rio de Janeiro: Forense, 1979. v. 2.

DINAMARCO, Cândido Rangel. Inflação e processo. *Revista dos Tribunais*, São Paulo, v. 589, nov. 1984. p. 19.

DINIZ, Maria Helena. *Curso de direito civil brasileiro* – Teoria geral das obrigações. 11. ed. São Paulo: Saraiva, 1997. v. 2.

FABRÍCIO, Adroaldo Furtado. Ação consignatória. *Ajuris*, Rio Grande do Sul, n. 18, set. 1992.

FONSECA, Arnoldo Medeiros da. *Caso fortuito e teoria da imprevisão*. Rio de Janeiro: Forense, 1958.

______. *Direito de retenção*. São Paulo: Revista dos Tribunais, 1957.

FRANCO, João Nascimento. Aluguel em moeda estrangeira. *Tribuna do Direito*, São Paulo, ano 11, n. 120, abr. 2003.

______. Indenização por danos a imóvel locado. *Tribuna do Direito*, São Paulo, ano 11, n. 121, maio 2003.

GOMES, Orlando. *Obrigações*. Rio de Janeiro: Forense, 1961.

______. *Transformações gerais do direito das obrigações*. São Paulo: Revista dos Tribunais, 1967.

GOMES, Orlando. *Contratos*. 4. ed. Rio de Janeiro: Forense, 1973.

JOSSERAND, Louis. *Derecho civil*. Buenos Aires: Bosch, 1950. t. II, v. 1.

LIMA, João Franzen. *Curso de direito civil brasileiro*. Rio de Janeiro: Forense, 1961.

LOPES, Miguel Maria de Serpa. *Curso de direito civil*. 4. ed. Rio de Janeiro: Freitas Bastos, 1966. 2 v.

MARCATO, Antonio Carlos. *Ação de consignação em pagamento*. 2. ed. São Paulo: Revista dos Tribunais, 1987. p. 62.

MENDONÇA, Carvalho de. *Manual do Código Civil*. 4. ed. Rio de Janeiro: Francisco Alves. 1950, 10 v.

MIRANDA, Francisco Cavalcanti Pontes de. *Comentários ao Código de Processo Civil*. Rio de Janeiro: Forense, 1974.

______. *Tratado de direito privado*. 2. ed. Rio de Janeiro: Borsoi, 1958.

MONTEIRO, Washington de Barros. *Curso de direito civil* – Direito das obrigações. 6. ed. São Paulo: Saraiva, 1970.

NERY JÚNIOR, Nelson; NERY, Rosa Maria de Andrade. *Código de Processo Civil comentado*. 6. ed. São Paulo: Revista dos Tribunais, 2002.

PEREIRA, Caio Mário da Silva. *Instituições de direito civil*. 4. ed. Rio de Janeiro: Forense, 1980. 2 v.

RODRIGUES, Lino; BUSTAMANTE, Arias. *Derecho de obligaciones*. Madrid: Revista de Derecho Privado, 1965.

RODRIGUES, Silvio. *Direito civil* – Parte geral das obrigações. 4. ed. São Paulo: Saraiva, 1973. 2 v.

______. *Responsabilidade civil*. São Paulo: Saraiva, 1975. 4 v.

SANTOS, Antonio Jeová. *Dano moral indenizável*. São Paulo: Lejus, 1997.

SANTOS, João Manoel de Carvalho. *Código Civil brasileiro interpretado*. 4. ed. Rio de Janeiro: Freitas Bastos, 1952.

SANTOS, João Manoel de Carvalho. *Código Civil brasileiro interpretado*. 4. ed. Rio de Janeiro: Freitas Bastos, 1952. v. 12, 13 e 20.

SILVA, Rafael Peteffi da. Teoria do adimplemento e modalidades de inadimplemento, atualizado pelo novo Código Civil. SILVA, Ferreira da. In: *Revista do Advogado*, São Paulo, ano XXII, n. 68, dez. 2002. p. 151.

SILVA, Wilson Melo da. *Da responsabilidade civil automobilística*. São Paulo: Saraiva, 1980.

THEODORO JÚNIOR, Humberto. A correção monetária segundo a Lei 6.899/81. *Revista dos Tribunais*, São Paulo, v. 558, abr. 1982.

TUCCI, Cibele Pinheiro Marçal Cruz e. Teoria geral da boa-fé objetiva. *Revista do Advogado*, São Paulo, ano XXII, n. 68, dez. 2002.

WALD, Arnoldo. *Curso de direito civil brasileiro* – Obrigações e contratos. 5. ed. São Paulo: Revista dos Tribunais, 1979.

Índice Remissivo